Classiques Larousse

Co

Horace

tragédie

Édition présentée, annotée et expliquée
par
CHRISTIAN GOUILLART
ancien élève de l'E.N.S.
agrégé de lettres classiques

LAROUSSE

Qu'est-ce qu'un classique ?

Horace, écrit il y a plus de trois cents ans, sous le ministère de Richelieu, est l'une des plus grandes tragédies de Corneille.

Cette pièce de théâtre appartient maintenant à la littérature classique car elle parle de l'héroïsme, de l'honneur et de l'amour d'une manière qui émeut encore aujourd'hui.

L'ouvrage que vous avez entre les mains est particulier. En plus d'*Horace,* il contient des renseignements sur l'auteur, le théâtre, le sujet de l'œuvre, les personnages, etc. Afin de mieux comprendre le texte de Corneille, des notes placées en bas de page expliquent certains mots, et des questions, regroupées dans un encadré, aident à faire le point. Ainsi, vous pourrez lire la pièce avec plaisir et, pourquoi pas, comme si vous étiez un acteur ou une actrice...

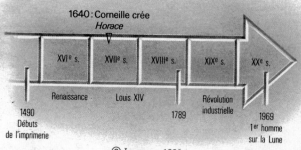

1640 : Corneille crée *Horace*

XVIᵉ s.   XVIIᵉ s.   XVIIIᵉ s.   XIXᵉ s.   XXᵉ s.

Renaissance   Louis XIV   Révolution industrielle

1490 Débuts de l'imprimerie   1789   1969 1ᵉʳ homme sur la Lune

© Larousse 1990.
ISBN 2-03-871102-X
(Collection fondée par Félix Guirand et continuée par Léon Lejealle.)

Sommaire

Bon bourgeois, bon mari, bon père et dramaturge

De nombreux renseignements administratifs sur Corneille ont été conservés. Ils permettraient d'établir facilement sa carte d'identité, de compléter son livret de famille et même, pour certaines années, de remplir sa déclaration de revenus.

Un parcours « exemplaire »

Pierre Corneille, l'aîné de six ou sept enfants, naît le 6 juin 1606 à Rouen, dans une famille de la petite bourgeoisie ; son père et sa mère appartiennent au milieu des professions juridiques. Parmi ses frères et sœurs, Thomas, de dix-neuf ans son cadet, connaîtra lui aussi de brillants succès au théâtre.

Une solide formation classique et juridique
À neuf ans (1615), le jeune Pierre Corneille entre au collège des Jésuites de Rouen, où il se montrera un excellent élève ; sa passion pour les auteurs latins et l'histoire romaine apparaît déjà nettement. À sa sortie du collège, en 1622, conformément à la tradition familiale, Corneille entreprend des études de droit ; reçu avocat, il s'inscrit au barreau de Rouen en 1624, mais ne plaide guère.

En 1628, son père achète à Corneille deux « offices », c'est-à-dire deux charges, d'avocat du roi : le jeune

Maison natale de Corneille, rue de la Pie à Rouen.
Dessin d'Hubert Clerget (1818-1899), d'après Beaunis et Dumée.
Une autre maison habitée par Corneille à Petit-Couronne,
près de Rouen, a été transformée en musée.

juriste devra défendre les intérêts de la Couronne dans des affaires relevant des eaux et forêts ou de l'amirauté. Ce sont des tâches essentiellement administratives, dont le jeune homme s'acquitte avec conscience et qui lui procurent des revenus modestes.

Corneille, qui n'est toujours pas chargé de famille et auquel ses fonctions laissent du temps libre, vit une période littéraire très féconde (voir p. 10) et commence à jouir d'une certaine notoriété. Il est intégré au « groupe des cinq », petit cercle d'auteurs dramatiques patronnés par Richelieu, passionné de théâtre. Quelques jours après les premières représentations du *Cid* (1637), le père de Corneille est anobli : sans aucun doute, c'est le fils qu'on honore à travers le père, qui mourra en 1639.

Le respect des valeurs traditionnelles

En 1641, Corneille épouse Marie de Lampérière ; de ce mariage, connu pour sa tendresse et sa solidité, naîtront sept enfants. Sur les six qui parviendront à l'âge adulte, trois choisiront l'état religieux (deux filles et un garçon) et deux autres garçons deviendront officiers. C'est dire l'importance des valeurs traditionnelles de la famille, de la religion et de l'armée chez les Corneille. Quant à Marie, l'aînée, elle sera la trisaïeule de Charlotte Corday, la meurtrière de Marat.

Corneille, qui mène une existence familiale calme, exerce ses charges d'avocat du roi et écrit abondamment ; il a la joie d'être élu à l'Académie en 1647, après deux tentatives malheureuses. En 1650, le dramaturge, dont le loyalisme envers le pouvoir est connu, est nommé procureur des États de Normandie, en remplacement d'un ennemi de Mazarin. Mais cette promotion aura des effets néfastes : Corneille doit vendre à perte ses deux offices d'avocat, incompatibles avec ses nouvelles fonctions. Qui plus est, il devra rapidement restituer sa charge de procureur à son prédécesseur rentré en grâce. Il se retrouve donc sans emploi régulier.

En 1662, il quitte Rouen pour Paris, où il résidera jusqu'à sa mort. Un édit royal de 1664 annulant toutes les mesures d'anoblissement prises en Normandie depuis 1630 cause une vive frayeur à Corneille, qui parvient cependant à faire confirmer sa noblesse à titre personnel. Il continue à travailler intensément à de nouvelles pièces, à des œuvres de piété et à la révision de ses œuvres précédentes ; en 1682, notamment, paraît une édition complète de son théâtre, la dernière à avoir été revue par ses soins. Corneille s'éteint le 1er octobre 1684, à l'âge de 78 ans.

Une « âme fière et indépendante »

Mieux que ces faits et ces dates, le portrait de Corneille (voir p. 30) renseigne sur la nature profonde de l'auteur. La hauteur du front, l'austérité de la mise et la gravité de l'expression sont frappantes. Mais le regard dévoile aussi une certaine malice, peut-être même une légère ironie, trahie par le pli de la bouche. Un mélange de gentillesse et de fierté paraît également émaner de ce portrait.

Orgueil et timidité

Son élocution était si hésitante que sa première (et peut-être unique) plaidoirie tourna au fiasco. Quel contraste avec l'éloquence déployée par ses personnages !

Quel contraste entre cette timidité et son orgueil, lequel s'étale complaisamment dans l'*Excuse à Ariste* (1637) qui ne brille pas par sa modestie...

Les prétentions nobiliaires de ce bon bourgeois peuvent prêter à sourire, mais rien ne lui fit plus plaisir que son anoblissement, qui lui paraissait consacrer officiellement la noblesse de son âme et celle de son œuvre. C'est pourquoi il vécut comme un affreux drame personnel les menaces qui, en 1664, pesèrent un moment sur sa jeune noblesse.

Cet orgueil, joint à sa timidité, le rendait assez maladroit, voire cassant dans ses relations avec autrui, d'où ce jugement de son neveu Fontenelle, lui-même homme de lettres célèbre : « Il avait l'âme fière et indépendante, nulle souplesse, nul manège, ce qui l'a rendu très propre à peindre la vertu romaine. »

Mais Corneille est aussi un tendre ; fort jeune encore, il s'éprend d'une jeune fille de Rouen, Catherine Hue, fille d'un collègue de son père. Le poète osa-t-il se déclarer ? La jeune fille, en tout cas, fut mariée à un autre, mais Corneille cultiva longtemps le souvenir de Catherine, en qui il voyait sa première inspiratrice. Son mariage avec Mlle de Lampérière, de onze ans sa cadette, fut un mariage d'amour et il goûta toujours beaucoup la douceur du foyer familial.

Un travailleur infatigable

Son zèle à apprendre avait déjà été signalé par ses maîtres et les registres administratifs conservés révèlent un fonctionnaire modèle. Cette qualité ne se démentit jamais, bien au contraire : Corneille a toujours en chantier au moins une pièce, sans compter les traductions, les traités théoriques, les pièces de circonstance ou la révision des œuvres antérieures.

Cette activité littéraire intense constitua aussi une importante source de revenus pour Corneille, venant s'ajouter à ceux perçus grâce à ses charges d'avocat (avant 1650) et à quelques revenus fonciers. Pierre Corneille obtint en effet des pensions annuelles de Richelieu, puis de Fouquet (alors surintendant des Finances), ainsi que quelques gratifications ponctuelles, mais, surtout, il sut négocier avantageusement la vente de ses pièces à des troupes d'acteurs ou leur publication par des « libraires », les éditeurs de l'époque. Ces pratiques, qui paraissent normales de nos jours, où la propriété littéraire est protégée, suscitèrent l'ironie de certains de ses contemporains. S'ajoutant à son caractère peu dépensier, elles valurent au dramaturge une solide réputation d'avarice.

Un écrivain prolifique

En quarante-cinq ans, Corneille écrivit une dizaine de comédies, plus de vingt tragédies et quelques tragi-comédies. Mais il fut aussi poète et traducteur.

Œuvres de jeunesse

Corneille compose d'abord des comédies mettant en scène des héros jeunes, parfois désœuvrés, souvent instables. *Mélite* est la première pièce qui a été jouée. Viennent ensuite *la Galerie du palais* (1632-1633) et la *Place royale* (1633-1634). Cette dernière développe un thème que l'auteur exploitera souvent par la suite : le héros, Alidor, aime Angélique qui l'aime également ; mais, refusant de sacrifier sa liberté à son amour, il n'épouse pas la jeune fille, qui va s'enfermer dans un couvent. Alidor, par un effort de volonté, a sauvegardé sa liberté, mais au détriment de son bonheur.

L'énorme succès remporté en 1635 par la *Sophonisbe*, de Mairet, remet la tragédie à l'honneur. Dans le même temps, Richelieu, qui se veut à la fois inspirateur et mécène, constitue autour de sa personne un groupe de jeunes écrivains qu'on nomme les « cinq auteurs » : Boisrobert, Colletet, L'Estoile, Rotrou et Corneille. Le cardinal propose des sujets que développent les jeunes poètes. Corneille donne en 1635 sa première tragédie, *Médée*, bien oubliée aujourd'hui, ainsi qu'une nouvelle comédie, *l'Illusion comique* (1635-1636) qui est toujours régulièrement jouée.

Treize années de gloire avant le premier échec

Le Cid, représenté dans les tout premiers jours de 1637, place Corneille, qui n'a que 30 ans, au premier rang des auteurs tragiques. En effet, bien qu'on ait qualifié cette pièce de tragi-comédie, à cause de son dénouement heureux, le style et l'intrigue s'apparentent davantage à la tragédie.

La « querelle du Cid » qui éclate alors (voir p. 19) tient Corneille éloigné du théâtre jusqu'en 1640, où il donne *Horace* ; suivront *Cinna* (sans doute 1640-1641) et *Polyeucte* (1641-1642), respectant toutes trois les règles de la tragédie classique (voir p. 191). *Le Cid, Horace, Cinna, Polyeucte* sont ses quatre chefs-d'œuvre, où apparaît le plus nettement ce qu'on a appelé depuis l'héroïsme « cornélien ». Malgré la « querelle » et trois ans de silence, Corneille connaît alors un immense succès. Il écrit ensuite une comédie, *le Menteur*, et diverses tragédies, dont *Rodogune* (1644) et *Nicomède* (1650) sont les plus réussies. En revanche, *Pertharite* (1651-1652) est une pièce si extravagante qu'elle ne remporte aucun succès.

Après cet échec, Corneille se consacre pendant quatre ans à la traduction en vers d'un ouvrage de dévotion écrit en latin, *l'Imitation de Jésus-Christ*.

Les dernières pièces

Corneille, qui avait pourtant fait ses adieux à la scène après l'échec de *Pertharite*, compose à nouveau pour le théâtre, sous l'influence de Fouquet, et donne *Œdipe* (1659), avec succès.

11

L'Académie française au XVIIe siècle.
Réception d'un académicien.
Gravure de François Poilly (1622-1693). Paris, B.N.

De la dizaine de pièces qui suivent, *Sertorius* (1662) et *Suréna* (1674) sont les plus caractéristiques de cette dernière période : tout en restant fidèles à eux-mêmes et à leurs principes, les héros apparaissent plus désabusés, plus mélancoliques, plus amers aussi. Faut-il y voir un reflet des propres sentiments de Corneille vieillissant et aigri par le succès de son jeune rival Racine ? Toujours est-il que de 1674 jusqu'à sa mort, dix ans plus tard, Corneille s'est consacré à la révision de ses textes sans en créer de nouveaux.

Corneille
1606

Corneille
avocat du roi
1628

création
d'*Horace*
1640

Boileau

Perrault (1628-1703)

Mme de Sévigné

Molière (1622-1673)

La Fontaine (1621-1695)

1634 : fondation de

Henri IV (1589-1610)	Régence	Louis XIII (1617-1643) (ministère de Richelieu)

guerre de Trente Ans
(1618-1648)

14

élection
à l'Académie française
1647

Corneille cesse
d'écrire pour le théâtre
1674   1684

La Bruyère (1645-1696)

Racine (1639-1699)

(1636-1711)

(1626-1696)

l'Académie française

Régence
d'Anne d'Autriche
(1643-1661)   Louis XIV (1661-1715)

la Fronde (1648-1653)

15

La création d'*Horace*

Pourquoi Corneille a-t-il choisi le combat des Horaces et des Curiaces comme sujet d'une de ses pièces ? Pourquoi l'a-t-il choisi à ce moment de sa longue carrière plutôt qu'à un autre ?

L'emprunt à l'histoire romaine

Grâce à son amour précoce pour le latin et l'Antiquité romaine, Corneille connaissait de longue date l'histoire des trois Horaces et des trois Curiaces ; c'est très probablement chez les Jésuites de Rouen qu'il lut le récit de l'historien latin Tite-Live (voir p. 170), qui constitue la source principale d'*Horace*. Peut-être la parution de *l'Histoire romaine* de Scipion Dupleix, en 1638, vint-elle raviver l'intérêt de Corneille pour cet épisode, dont les péripéties sont contées en détail.

En tout cas, ce choix constitue un tournant décisif dans l'œuvre et la pensée de Corneille : il découvre l'extraordinaire affinité existant entre ses projets littéraires, ses convictions personnelles et l'idéal romain fait de rigueur, d'austérité, d'esprit de sacrifice, de soumission à l'intérêt général, d'héroïsme et de grandeur.

Horace constitue la première tragédie romaine d'une longue série : sur les quelque vingt tragédies que Corneille a écrites, une quinzaine traitent de sujets romains, depuis *Horace* (située aux commencements légendaires de Rome) jusqu'à *Attila* (dont l'action se déroule au Ve siècle de notre ère). De là cette caricature

16

(à laquelle *Horace* a largement contribué) de Corneille en « vieux Romain » raidi dans des principes d'un autre âge.

La France de Louis XIII

Si le thème des Horaces possède, en soi, de quoi séduire Corneille, pourquoi l'avoir mis en œuvre précisément dans les années 1638-1640 ? La réponse à cette question doit être cherchée notamment dans l'histoire de France.

À l'époque, en effet, la situation politique française n'est pas sans analogie avec celle vécue par Albe et Rome dans la pièce. Dans *Horace*, de nombreuses villes ennemies attendent que Rome et Albe se soient suffisamment affaiblies pour venir les détruire ; dans l'Europe du XVIIe siècle, les États protestants se réjouissent de voir les deux grandes puissances catholiques, la France et l'Espagne, s'entre-déchirer dans une guerre perçue par beaucoup (dont le très catholique Corneille) comme fratricide.

Bien plus, la reine de France, Anne d'Autriche, est sœur du roi d'Espagne et Élisabeth, sœur de Louis XIII, est mariée à ce même roi ! Comment ne pas voir en elles des héroïnes d'*Horace* déchirées entre leur pays de naissance et le royaume de leur mari, en guerre l'un contre l'autre ? Le discours du dictateur albain (*Horace*, v. 285-327), révélant la présence de membres des mêmes familles dans les camps ennemis, pouvait s'appliquer mot pour mot à de nombreuses grandes familles françaises et espagnoles de l'époque. Qui plus est, la pièce montre la nécessité de mobiliser toutes les énergies au service du pays, au détriment des liens et des

17

Portrait anonyme du cardinal de Richelieu (détail),
d'après Philippe de Champaigne (1602-1674).
Musée Condé, Chantilly.

sentiments naturels ; c'est précisément ce que Richelieu s'évertuait à faire admettre aux grands du royaume.

Horace n'est pas pour autant une pièce d'actualité ; la richesse dramatique du thème suffisait à l'imposer au choix de Corneille ; mais, indiscutablement, la lecture de la pièce se trouve enrichie par le parallélisme existant entre l'époque de sa rédaction et la situation qu'elle décrit.

De la tragi-comédie à la tragédie

Un long silence

Pendant trois ans (1637-1640), période exceptionnellement longue chez un auteur aussi prolifique, Corneille ne donne rien au théâtre. Il a, certes, à ce moment, des problèmes familiaux (son père meurt en 1639, la tutelle de ses frères et sœurs mineurs lui est confiée) et professionnels (il tente vainement de s'opposer à une décision administrative dépréciant considérablement une de ses deux charges d'avocat du roi). Mais, Corneille est surtout aigri et en proie au doute.

Situation paradoxale, alors que *le Cid* lui a apporté gloire et argent ! Mais il a aussi suscité jalousies et critiques. En décembre 1637, la parution des *Sentiments de l'Académie sur le Cid* constitue, de fait, une condamnation de la pièce, accusée d'avoir contrevenu aux règles (unité de temps, d'action, de lieu), à la vraisemblance et à la bienséance (voir p. 191) : on se scandalisait notamment de l'annonce du mariage de Chimène avec l'assassin de son père. Ce coup parut d'autant plus dur à Corneille que, depuis sa Normandie natale, il avait sous-estimé la jalousie des intellectuels parisiens et s'attendait à des éloges. Le fait d'être ainsi condamné par les « doctes » (les critiques littéraires et les théoriciens) le froissa beaucoup dans sa fierté d'auteur, mais il y avait pis encore.

Derrière l'Académie, en effet, se profile la grande ombre du cardinal de Richelieu, son fondateur et son mécène. Pourquoi celui-ci a-t-il laissé condamner *le Cid*, alors qu'il figurait parmi les admirateurs de Corneille, qu'il honorait de sa protection et de sa bienveillance ? Sa conscience de catholique avait-elle été choquée rétrospectivement par l'immoralité du mariage de Chimène et Rodrigue ? Estimait-il que la pièce faisait la part trop belle aux grands et qu'elle présentait la royauté sous un jour trop pâle ? Cet homme d'ordre désirait-il mettre fin une fois pour toutes à une querelle qui s'envenimait chaque jour davantage ? Toujours est-il que Corneille se sent « lâché » par le tout-puissant cardinal. Il en conçoit inquiétude et aigreur.

Plaire aux doctes et à Richelieu

Horace va lui fournir une occasion de prouver aux théoriciens du théâtre qu'il est parfaitement capable d'écrire une pièce conforme à la stricte doctrine du temps et lui permettra aussi de se rappeler respectueusement à l'attention de Richelieu (à qui la pièce est dédiée) avec un sujet très propre à lui plaire.

Pas plus que par la seule actualité, *Horace* ne peut s'expliquer par le seul désir de flatter Richelieu. Mais la pièce présente une étonnante parenté idéologique avec les vues politiques du cardinal : en approuvant le sacrifice des sentiments et des intérêts individuels à une certaine idée de l'État, elle ne pouvait que séduire le tout-puissant ministre. Comme Richelieu, *Horace* prend parti pour l'État contre l'individu ; c'est une pièce de guerre, avec une morale pour temps de guerre.

Louis XIII et le cardinal de Richelieu assistant
à un spectacle en présence de la cour, au palais du Cardinal.
Détail d'un tableau anonyme du XVIIe siècle.
Musée des Arts décoratifs, Paris.

MARSES : nom de peuple
Ardée : nom de ville
0   100 Km

OSCO-OMBRIENS

Volsinies

ÉTRUSQUES

MER ADRIATIQUE

MARSES

Véies

Tarquinies

Sabins

Caeré

Rome

ÈQUES

HERNIQUES

Ostie

Albe

Lavinium

Ardée

TRIBUS SABELLIQUES

APULIENS

SAMNITES

VOLSQUES

CAUDINS

MER TYRRHÉNIENNE

Capoue

CAMPANIENS

Venise

MER ADRIATIQUE

Rome

Albe

MER TYRRHÉNIENNE

Tunis

Rome

Tibre

MONTS ALBAINS

Ostie

Albe

Aricie

Lavinium

MER TYRRHÉNIENNE

VIA APPIA

Ardée

Rome et ses environs
0   10 Km

22

L'action
et les principaux
personnages

Rome et Albe
à la veille du combat : acte I

Sous le règne du roi Tulle (672-640 av. J.-C. selon la tradition), Albe et Rome sont en guerre et vont se livrer un combat décisif. De nombreuses familles, issues de chacune des deux villes, se trouvent alliées par les sentiments. Ainsi, Sabine, jeune Albaine, a épousé un Romain (Horace), mais ses trois frères combattent pour leur patrie d'origine, Albe ; inversement, Camille, sœur d'Horace et donc romaine, est fiancée à l'un des frères de Sabine, Curiace, guerrier albain.

On redoute une sanglante bataille générale ; mais Curiace, à la faveur d'une trêve, vient rejoindre sa fiancée et lui annonce qu'un combat entre trois guerriers de chaque camp décidera à quelle ville ira la victoire.

Désignation des Horaces et des Curiaces :
acte II

Rome a choisi ses champions : Horace et ses deux frères défendront sa cause. Curiace félicite son beau-frère et ami d'avoir été choisi, lorsque tombe la nouvelle : pour lutter contre les Horaces, Albe a choisi

Le Serment des Horaces. Esquisse de David (1748-1825).
Musée de Lille (coll. Wicar).

les trois Curiaces. Face à cette situation tragique, Curiace exprime sa révolte et sa souffrance, tandis que son adversaire se laisse emporter par l'exaltation patriotique et guerrière.

Camille et Sabine tentent de dissuader les deux guerriers de livrer ce combat contre nature. Elles sont proches de les attendrir quand survient le Vieil Horace ; son autorité de *paterfamilias* (père de famille) met fin aux hésitations des héros qui partent au combat.

Le combat : acte III

Le troisième acte commence sur une note d'espoir : les deux armées s'opposent au combat de parents si proches et réclament d'autres combattants. Mais les dieux, consultés par un sacrifice, ordonnent que le combat ait lieu malgré tout. Son déroulement, raconté par Julie, « dame romaine », semble catastrophique pour Rome : deux des Horaces sont morts ; un seul survivant : le mari de Sabine, mais il a pris la fuite. Le Vieil Horace, indigné, menace de châtier lui-même la lâcheté de son fils.

La victoire d'Horace
et le meurtre de Camille : acte IV

Coup de théâtre (scène 2) : les nouvelles précédentes étaient incomplètes. En réalité, Horace n'a fui que pour diviser ses adversaires plus ou moins grièvement blessés et a tué les trois Curiaces.

Le père du vainqueur laisse éclater sa joie ; Camille, bouleversée de douleur par la mort de son fiancé Curiace, refuse de s'associer à cette fierté familiale et patriotique. Elle provoque son frère qui revient en triomphateur, portant les dépouilles de son fiancé tué ; elle maudit violemment Rome, et Horace la transperce de son épée.

Le procès d'Horace : acte V

Valère, un jeune Romain qui aimait Camille sans être payé de retour, réclame le châtiment du coupable. Horace, qui attache plus de prix à sa « gloire » qu'à sa vie, consent à peine à se défendre. C'est le Vieil Horace qui assure la défense de son fils, en soulignant notamment les services qu'il pourra rendre à l'État.

Le roi prononce sa sentence : sans nier la réalité du crime, il acquitte Horace pour ses mérites exceptionnels envers Rome, invite à la réconciliation générale et ordonne la réunion de Camille et Curiace dans un même tombeau.

Quelques mots fréquents dans *Horace*

amant(e) : qui aime et est aimé(e) en retour.

amitié : affection profonde, amour.

amoureux : qui aime, mais n'est pas aimé en retour.

art : artifice, séduction artificielle (péjoratif).

brutal : qui rappelle la bête sauvage, bestial.

charme : sortilège.

charmer : influencer comme par magie, ensorceler, envoûter (sens très fort).

commettre : confier.

cœur : courage.

constance : fermeté morale.

courage : cœur, force d'âme.

déplaisirs : violents chagrins, souffrances morales.

embrasser : 1. entourer de ses bras. 2. adopter (un point de vue, une cause, etc.).

ennui : tourment, désespoir, contrariété (sens fort).

envier : refuser (par jalousie).

étonner : ébranler, frapper de stupéfaction (comme par un coup de tonnerre).

fâcher : affliger ou indigner (sens fort).

feux : amour, ardeur de la passion (vocabulaire galant).

flamme : amour, passion (vocabulaire galant).

flatter : 1. apaiser, adoucir. 2. tromper (par des amabilités, des caresses), leurrer.

foi : fidélité (en amour).

funeste : qui apporte désastre et mort.

fureur : ardeur incontrôlable.

généreux : qui a une âme noble, du courage.

générosité : noblesse, grandeur d'âme.

gloire : 1. à l'égard d'autrui : réputation née du mérite. 2. vis-à-vis de soi-même : haute idée que le héros a de lui-même, qui lui interdit tout acte contraire à l'honneur.

heur : bonheur.

honneur : 1. sentiment incitant à conserver la considération de soi-même et des autres (pour son courage, sa vertu, etc.). L'honneur pousse à des actions héroïques et interdit toute bassesse. 2. marque extérieure d'estime envers quelqu'un de courageux, de vertueux.

hymen, hyménée : mariage.

infâme : déshonoré.

infamie : déshonneur.

ingrat : dans le langage galant, personne qui ne mérite pas d'être aimée.

mélancolie : humeur sombre, désespoir profond.

misère : malheur.

nœud : lien de l'amour ou du mariage (vocabulaire galant).

objet : 1. personne aimée (vocabulaire galant). 2. idée ou spectacle se présentant aux yeux ou à l'esprit. 3. cause, motif.

parricide : 1. crime contre un membre de sa famille, par extension, tout crime particulièrement horrible. 2. l'auteur de ce crime.

perfide : infidèle, qui ne respecte pas sa parole.

prudence : sagesse.

querelle : cause, parti, intérêts (sens juridique vieilli).

rigueur(s) : dureté (du sort) ; au pluriel : marques de froideur en matière sentimentale.

sang : 1. famille, origine, ancêtres. 2. vie. 3. sang qui coule.

sexe : le sexe féminin, l'ensemble des femmes.

soins : soucis (notamment ceux de l'amour), préoccupations.

souffrir : supporter, tolérer.

succès : résultat (heureux ou malheureux).

supplice : exécution, mort.

triste : lugubre, sinistre (sens fort).

transports : manifestations extérieures d'une violente passion.

vertu(s) : 1. vaillance et énergie morale. 2. au pluriel : qualités morales.

Pierre Corneille.
Gravure de Guillaume Vallet, 1663.

CORNEILLE

Horace

tragédie
représentée pour la première fois
en 1640

Dédicace
à Monseigneur le Cardinal
Duc de Richelieu

Je n'aurais jamais eu la témérité de présenter à Votre Éminence ce mauvais portrait d'Horace, si je n'eusse considéré qu'après tant de bienfaits que j'ai reçus d'Elle[1], le silence où mon respect m'a retenu jusqu'à présent passerait pour ingratitude, et que quelque juste défiance que j'aie de mon travail, je dois avoir encore plus de confiance en votre bonté. C'est d'elle que je tiens tout ce que je suis ; et ce n'est pas sans rougir que pour toute reconnaissance, je vous fais un présent si peu digne de vous, et si peu proportionné à ce que je vous dois. Mais, dans cette confusion, qui m'est commune avec tous ceux qui écrivent, j'ai cet avantage qu'on ne peut, sans quelque injustice, condamner mon choix, et que ce généreux Romain, que je mets aux pieds de Votre Éminence, eût pu paraître devant elle avec moins de honte, si les forces de l'artisan[2] eussent répondu à la dignité de la matière. J'en ai pour garant l'auteur dont je l'ai tirée[3], qui commence à décrire cette fameuse histoire par ce glorieux éloge, « qu'il n'y a presque aucune chose plus noble dans toute l'Antiquité ». Je voudrais

---

1. Richelieu faisait notamment servir à Corneille, depuis 1635, une pension annuelle de 1 500 livres.
2. *Artisan :* artiste, c'est-à-dire Corneille.
3. Il s'agit de l'historien latin Tite-Live (voir p. 170), dont est extraite la citation qui suit (*Histoire de Rome,* I, xxiv).

que ce qu'il a dit de l'action se pût dire de la peinture que
j'en ai faite, non pour en tirer plus de vanité, mais seulement
pour vous offrir quelque chose un peu moins indigne de vous
être offert. Le sujet était capable de plus de grâces s'il eût
été traité d'une main plus savante ; mais du moins il a reçu
de la mienne toutes celles qu'elle était capable de lui donner,
et qu'on pouvait raisonnablement attendre d'une muse de
province[1], qui n'étant pas assez heureuse pour jouir souvent
des regards de Votre Éminence, n'a pas les mêmes lumières
à se conduire qu'ont celles qui en sont continuellement
éclairées. Et certes, Monseigneur, ce changement visible qu'on
remarque en mes ouvrages depuis que j'ai l'honneur d'être à[2]
Votre Éminence, qu'est-ce autre chose qu'un effet des grandes
idées qu'elle m'inspire, quand elle daigne souffrir que je lui
rende mes devoirs ? et à quoi peut-on attribuer ce qui s'y
mêle de mauvais, qu'aux teintures[3] grossières que je reprends
quand je demeure abandonné à ma propre faiblesse ? Il faut,
Monseigneur, que tous ceux qui donnent leurs veilles au
théâtre[4] publient hautement[5] avec moi que nous avons
deux obligations très signalées : l'une, d'avoir ennobli le but
de l'art ; l'autre, de nous en avoir facilité les connaissances.
Vous avez ennobli le but de l'art, puisqu'au lieu de celui de
plaire au peuple que nous prescrivent nos maîtres, et dont
les deux plus honnêtes gens[6] de leur siècle, Scipion et Lœlie[7],

---

1. *D'une muse de province* : Corneille réside alors à Rouen.
2. *Être à* : être au service de.
3. *Teintures* : traces, marques.
4. *Ceux qui ... théâtre* : les auteurs dramatiques qui se consacrent
jour et nuit à la rédaction de leurs œuvres.
5. *Publient hautement* : fassent savoir publiquement.
6. *Honnêtes gens* : personnes cultivées, d'agréable fréquentation.
7. Selon la tradition, Scipion Émilien et Lælius avaient collaboré
aux comédies de l'auteur latin Térence (première moitié du IIe siècle
av. J.-C.).

ont autrefois protesté de[1] se contenter, vous nous avez donné celui de vous plaire et de vous divertir ; et qu'ainsi nous ne rendons pas un petit service[2] à l'État, puisque, contribuant à vos divertissements, nous contribuons à l'entretien d'une santé qui lui est si précieuse et si nécessaire. Vous nous en avez facilité les connaissances, puisque nous n'avons plus besoin d'autre étude pour les acquérir que d'attacher nos yeux sur Votre Éminence, quand elle honore de sa présence et de son attention le récit de nos poèmes[3]. C'est là que lisant sur son visage ce qui lui plaît et ce qui ne lui plaît pas, nous nous instruisons avec certitude de ce qui est bon et de ce qui est mauvais, et tirons des règles infaillibles de ce qu'il faut suivre et de ce qu'il faut éviter ; c'est là que j'ai souvent appris en deux heures ce que mes livres n'eussent pu m'apprendre en dix ans ; c'est là que j'ai puisé ce qui m'a valu l'applaudissement du public ; et c'est là qu'avec votre faveur j'espère puiser assez pour être un jour une œuvre digne de vos mains. Ne trouvez donc pas mauvais, Monseigneur, que pour vous remercier de ce que j'ai de réputation, dont je vous suis entièrement redevable, j'emprunte quatre vers d'un autre Horace[4] que celui que je vous présente et que je vous exprime par eux les plus véritables sentiments de mon âme :

> *Totum muneris hoc tui est,*
> *Quod monstror digito praetereuntium,*

---

1. *Protester de* : déclarer.
2. *Nous ne … petit service* : nous rendons un immense service (litote).
3. *Poèmes* : désigne ici des œuvres littéraires. Richelieu était effectivement passionné de théâtre et il lui arrivait, notamment, de se faire lire les pièces avant leur « première » officielle.
4. Le poète latin Horace (65-8 av. J.-C.).

Scenae non levis artifex ;
Quod spiro et placeo, si placeo, tuum est[1].

Je n'ajouterai qu'une vérité à celle-ci, en vous suppliant de croire que je suis et serai toute ma vie, très passionnément, MONSEIGNEUR

De Votre Éminence,
le très humble, très obéissant et très fidèle serviteur,

Corneille.

---

1. « C'est à ta seule faveur que je dois d'être désigné du doigt par les passants comme un maître de l'art dramatique ; mon inspiration et mon succès — si succès il y a —, c'est à toi que je les dois. » Dans sa citation d'Horace, Corneille a remplacé le troisième vers par une expression de son cru, afin de mieux l'adapter à son cas.

Personnages

Tulle[1], *roi de Rome.*

Le Vieil Horace, *chevalier romain.*

Horace, *son fils.*

Curiace, *gentilhomme[2] d'Albe, amant[3] de Camille.*

Valère, *chevalier romain, amoureux de Camille.*

Sabine, *femme d'Horace et sœur de Curiace.*

Camille, *amante de Curiace et sœur d'Horace.*

Julie, *dame romaine, confidente de Sabine et de Camille.*

Flavian, *soldat de l'armée d'Albe.*

Procule, *soldat de l'armée de Rome.*

La scène est à Rome,
dans une salle de la maison d'Horace.

---

1. *Tulle :* forme francisée, selon l'usage au XVIIe siècle, de Tullus Hostilius, troisième roi de Rome.
2. *Gentilhomme :* patricien, c'est-à-dire noble romain.
3. *Amant :* voir « Quelques mots fréquents dans *Horace* » (p. 27) qui explique les mots les plus utilisés dans cette pièce.

Acte premier

SCÈNE PREMIÈRE.   SABINE, JULIE.

SABINE

Approuvez ma faiblesse, et souffrez ma douleur ;
Elle n'est que trop juste en un si grand malheur :
Si près de voir sur soi fondre de tels orages,
L'ébranlement sied bien aux plus fermes courages ;
5 Et l'esprit le plus mâle et le moins abattu
Ne saurait sans désordre exercer sa vertu.
Quoique le mien s'étonne à ces rudes alarmes,
Le trouble de mon cœur ne peut rien sur mes larmes[1],
Et parmi les soupirs qu'il pousse vers les cieux,
10 Ma constance du moins règne encor[2] sur mes yeux.
Quand on arrête là les déplaisirs d'une âme,
Si l'on fait moins qu'un homme, on fait plus qu'une femme.
Commander à[3] ses pleurs en cette extrémité,
C'est montrer pour le sexe assez de fermeté.

JULIE

15 C'en est peut-être assez pour une âme commune,
Qui du moindre péril se fait une infortune ;
Mais de cette faiblesse un grand cœur est honteux ;
Il ose espérer tout dans un succès douteux[4].
Les deux camps sont rangés au pied de nos murailles ;
20 Mais Rome ignore encor comme on perd des batailles.
Loin de trembler pour elle, il lui faut applaudir[5] ;

---

1. *Ne peut rien sur mes larmes* : ne parvient cependant pas à me faire pleurer.
2. *Encor* : orthographe permise au XVIIᵉ siècle.
3. *Commander à* : maîtriser, dominer.
4. *Dans un succès douteux* : alors que le résultat est incertain.
5. *Il lui faut applaudir* : il faut manifester notre joie pour elle.

Puisqu'elle va combattre, elle va s'agrandir.
Bannissez, bannissez une frayeur si vaine,
Et concevez des vœux dignes d'une Romaine.

SABINE

25 Je suis Romaine, hélas ! puisqu'Horace est Romain ;
J'en ai reçu le titre en recevant sa main[1] ;
Mais ce nœud me tiendrait en esclave enchaînée,
S'il m'empêchait de voir[2] en quels lieux je suis née.
Albe, où j'ai commencé de respirer le jour[3],
30 Albe, mon cher pays et mon premier amour ;
Lorsqu'entre nous et toi je vois la guerre ouverte,
Je crains notre victoire autant que notre perte.
Rome, si tu te plains que c'est là te trahir,
Fais-toi des ennemis que je puisse haïr.
35 Quand je vois de tes murs leur armée et la nôtre,
Mes trois frères dans l'une, et mon mari dans l'autre,
Puis-je former des vœux, et sans impiété
Importuner le ciel pour ta félicité ?
Je sais que ton État, encor en sa naissance,
40 Ne saurait, sans la guerre, affermir sa puissance ;
Je sais qu'il doit s'accroître, et que tes grands destins
Ne le borneront pas chez les peuples latins ;
Que les dieux t'ont promis l'empire de la terre,
Et que tu n'en peux voir l'effet que par la guerre[4] :
45 Bien loin de m'opposer à cette noble ardeur
Qui suit l'arrêt[5] des dieux et court à ta grandeur,
Je voudrais déjà voir tes troupes couronnées,
D'un pas victorieux franchir les Pyrénées.
Va jusqu'en Orient pousser tes bataillons ;

---

1. *En recevant sa main* : en l'épousant.
2. *Voir* : considérer.
3. *De respirer le jour* : à vivre.
4. *Tu n'en peux ... par la guerre* : tu ne peux voir cette promesse se réaliser que grâce à la guerre.
5. *Arrêt* : décision.

50 Va sur les bords du Rhin[1] planter tes pavillons[2] ;
Fais trembler sous tes pas les colonnes d'Hercule[3] ;
Mais respecte une ville à qui tu dois Romule[4].
Ingrate, souviens-toi que du sang de ses rois
Tu tiens ton nom, tes murs et tes premières lois.
55 Albe est ton origine : arrête, et considère
Que tu portes le fer dans le sein de ta mère.
Tourne ailleurs les efforts de tes bras triomphants ;
Sa joie éclatera dans l'heur de ses enfants[5] ;
Et se laissant ravir à[6] l'amour[7] maternelle,
60 Ses vœux seront pour toi, si tu n'es plus contre elle.

JULIE

Ce discours me surprend, vu que depuis le temps
Qu'on a contre son peuple armé nos combattants,
Je vous ai vu pour elle autant d'indifférence
Que si d'un sang romain vous aviez pris naissance[8].
65 J'admirais la vertu qui réduisait en vous
Vos plus chers intérêts à ceux de votre époux[9] ;
Et je vous consolais au milieu de vos plaintes,
Comme si notre Rome eût fait toutes vos craintes.

---

1. *Rhin* : ces allusions au Rhin et aux Pyrénées (v. 48) devaient
éveiller des échos patriotiques dans l'esprit des spectateurs de 1640.
En guerre contre l'Espagne, la France venait en effet de remporter de
brillants succès sur les bords du Rhin et il ne paraissait pas impossible
de porter la guerre au-delà des Pyrénées.
2. *Pavillons* : étendards, drapeaux.
3. *Colonnes d'Hercule* : le détroit de Gibraltar.
4. *Romule* : forme francisée de Romulus, fondateur légendaire de
Rome, petit-fils de Numitor, roi d'Albe (voir p. 152).
5. *Sa joie ... enfants* : sa joie éclatera si ses descendants sont heureux.
6. *Se laissant ravir à* : se laissant emporter par.
7. *Amour* : souvent féminin au XVIIe siècle, même au singulier.
8. *Je vous ai vu ... pris naissance* : je vous ai vue aussi indifférente
au sort d'Albe que si vous étiez née romaine.
9. *La vertu ... votre époux* : la force morale grâce à laquelle vous
avez conformé vos propres intérêts à ceux de votre époux.

SABINE

Tant qu'on ne s'est choqué[1] qu'en de légers combats,
70 Trop faibles pour jeter un des partis à bas,
Tant qu'un espoir de paix a pu flatter[2] ma peine,
Oui, j'ai fait vanité[3] d'être toute Romaine.
Si j'ai vu Rome heureuse avec quelque regret,
Soudain[4] j'ai condamné ce mouvement secret ;
75 Et si j'ai ressenti, dans ses destins contraires,
Quelque maligne[5] joie en faveur de mes frères,
Soudain, pour l'étouffer, rappelant ma raison,
J'ai pleuré quand la gloire entrait dans leur maison.
Mais aujourd'hui qu'il faut que l'une ou l'autre tombe,
80 Qu'Albe devienne esclave, ou que Rome succombe,
Et qu'après la bataille il ne demeure plus
Ni d'obstacle aux vainqueurs, ni d'espoir aux vaincus,
J'aurais pour mon pays une cruelle haine,
Si je pouvais encore être toute Romaine,
85 Et si je demandais votre triomphe aux dieux,
Au prix de tant de sang qui m'est si précieux.
Je m'attache un peu moins aux intérêts d'un homme :
Je ne suis point pour Albe, et ne suis plus pour Rome ;
Je crains pour l'une et l'autre en ce dernier effort,
90 Et serai du parti qu'affligera[6] le sort.
Égale à tous les deux[7] jusques à la victoire,
Je prendrai part aux maux sans en prendre à la gloire,
Et je garde, au milieu de tant d'âpres rigueurs,
Mes larmes aux vaincus, et ma haine aux vainqueurs.

---

1. *Choqué* : affronté.
2. *Flatter* : adoucir, apaiser.
3. *J'ai fait vanité* : je me suis fait gloire.
4. *Soudain* : immédiatement, aussitôt.
5. *Maligne* : mauvaise, nuisible.
6. *Affligera* : renversera, anéantira (sens fort et latin du verbe).
7. *Égale à tous les deux* : impartiale, sans préférence ni pour l'un, ni pour l'autre.

JULIE

95 Qu'on voit naître souvent de pareilles traverses[1],
En des esprits divers[2], des passions diverses !
Et qu'à nos yeux Camille agit bien autrement !
Son frère est votre époux, le vôtre est son amant[3] ;
Mais elle voit d'un œil bien différent du vôtre
100 Son sang dans une armée, et son amour dans l'autre.
Lorsque vous conserviez un esprit tout romain,
Le sien, irrésolu, le sien, tout incertain,
De la moindre mêlée appréhendait l'orage,
De tous les deux partis détestait l'avantage,
105 Au malheur des vaincus donnait toujours ses pleurs,
Et nourrissait ainsi d'éternelles douleurs.
Mais hier, quand elle sut qu'on avait pris journée[4],
Et qu'enfin la bataille allait être donnée,
Une soudaine joie éclatant sur son front...

SABINE

110 Ah ! que je crains, Julie, un changement si prompt !
Hier dans sa belle humeur elle entretint Valère ;
Pour ce rival, sans doute, elle quitte mon frère ;
Son esprit, ébranlé par les objets présents,
Ne trouve point d'absent aimable après deux ans[5].
115 Mais excusez l'ardeur d'une amour fraternelle ;
Le soin que j'ai de lui me fait craindre tout d'elle ;
Je forme des soupçons d'un trop léger sujet :
Près d'un jour si funeste[6] on change peu d'objet ;
Les âmes rarement sont de nouveau blessées[7],

---

1. *Traverses* : obstacles, fortes contrariétés.
2. *Divers* : opposés.
3. *Amant* : ici, fiancé.
4. *Pris journée* : fixé une date (pour le combat).
5. *Son esprit ... deux ans* : troublée par la présence de Valère, elle a cessé d'aimer Curiace, loin d'elle depuis deux ans.
6. *Près d'un jour si funeste* : dans des circonstances aussi tragiques.
7. *De nouveau blessées* : une nouvelle fois touchées par l'amour (image des flèches du dieu Amour).

120 Et dans un si grand trouble on a d'autres pensées ;
Mais on n'a pas aussi¹ de si doux entretiens,
Ni de contentements qui soient pareils aux siens.

JULIE

Les causes, comme à vous, m'en semblent fort obscures ;
Je ne me satisfais d'aucunes conjectures.
125 C'est assez de constance en un si grand danger
Que de le² voir, l'attendre, et ne point s'affliger ;
Mais certes c'en est trop d'aller jusqu'à la joie.

SABINE

Voyez qu'un bon génie à propos nous l'envoie.
Essayez sur ce point à la faire parler :
130 Elle vous aime assez pour ne vous rien celer³.
Je vous laisse. Ma sœur, entretenez Julie ;
J'ai honte de montrer tant de mélancolie,
Et mon cœur, accablé de mille déplaisirs,
Cherche la solitude à cacher⁴ ses soupirs.

SCÈNE 2. CAMILLE, JULIE.

CAMILLE

135 Qu'elle a tort de vouloir que je vous entretienne⁵ !
Croit-elle ma douleur moins vive que la sienne,
Et que plus insensible à de si grands malheurs,
À mes tristes discours je mêle moins de pleurs ?

---

1. *Aussi :* non plus.
2. *Le :* se rapporte à « danger » (v. 125).
3. *Celer :* tenir secret.
4. *À cacher :* pour cacher.
5. *Entretienne :* fasse la conversation.

Camille (Muriel Piquart) dans une mise en scène de Brigitte Jaques.
Théâtre national de Chaillot, 1989.

De pareilles frayeurs mon âme est alarmée ;
140 Comme elle je perdrai dans l'une et l'autre armée :
Je verrai mon amant, mon plus unique bien,
Mourir pour son pays ou détruire le mien,
Et cet objet d'amour devenir, pour ma peine,
Digne de mes soupirs ou digne de ma haine.
145 Hélas !

JULIE

Elle est pourtant plus à plaindre que vous :
On peut changer d'amant, mais non changer d'époux.
Oubliez Curiace, et recevez Valère,

43

Vous ne tremblerez plus pour le parti contraire ;
Vous serez toute nôtre, et votre esprit remis[1]
150 N'aura plus rien à perdre au camp des ennemis.

CAMILLE

Donnez-moi des conseils qui soient plus légitimes,
Et plaignez mes malheurs sans m'ordonner des crimes.
Quoiqu'à peine à mes maux je puisse résister,
J'aime mieux les souffrir que de les mériter.

JULIE

155 Quoi ! vous appelez crime un change[2] raisonnable ?

CAMILLE

Quoi ! le manque de foi vous semble pardonnable ?

JULIE

Envers un ennemi qui[3] peut nous obliger[4] ?

CAMILLE

D'un serment solennel qui peut nous dégager ?

JULIE

Vous déguisez en vain une chose trop claire :
160 Je vous vis encor hier entretenir Valère ;
Et l'accueil gracieux qu'il recevait de vous
Lui permet de nourrir un espoir assez doux.

CAMILLE

Si je l'entretins hier et lui fis bon visage,
N'en imaginez rien qu'à son désavantage :
165 De mon contentement un autre était l'objet.
Mais pour sortir d'erreur sachez-en le sujet ;
Je garde à Curiace une amitié trop pure
Pour souffrir plus longtemps qu'on m'estime parjure.

1. *Remis :* apaisé, rasséréné.
2. *Change :* changement de sentiments.
3. *Qui :* qu'est-ce qui (pronom neutre).
4. *Obliger :* lier (par la parole donnée).

Il vous souvient[1] qu'à peine on voyait de sa sœur
170 Par un heureux hymen mon frère possesseur,
Quand, pour comble de joie, il obtint de mon père
Que de ses chastes feux je serais le salaire[2].
Ce jour nous fut propice et funeste à la fois :
Unissant nos maisons, il désunit nos rois ;
175 Un même instant conclut notre hymen[3] et la guerre,
Fit naître notre espoir et le jeta par terre,
Nous ôta tout, sitôt qu'il nous eut tout promis,
Et, nous faisant amants, il nous fit ennemis.
Combien nos déplaisirs parurent lors[4] extrêmes !
180 Combien contre le ciel il vomit de blasphèmes !
Et combien de ruisseaux coulèrent de mes yeux !
Je ne vous le dis point, vous vîtes nos adieux ;
Vous avez vu depuis les troubles de mon âme :
Vous savez pour la paix quels vœux a faits ma flamme,
185 Et quels pleurs j'ai versés à chaque événement,
Tantôt pour mon pays, tantôt pour mon amant.
Enfin mon désespoir, parmi ces longs obstacles,
M'a fait avoir recours à la voix des oracles.
Écoutez si celui qui me fut hier rendu
190 Eut droit[5] de rassurer mon esprit éperdu.
Ce Grec si renommé, qui depuis tant d'années,
Au pied de l'Aventin[6] prédit nos destinées,
Lui qu'Apollon[7] jamais n'a fait parler à faux[8],
Me promit par ces vers la fin de mes travaux[9] :

---

1. *Il vous souvient* : vous vous souvenez.
2. *Salaire* : récompense.
3. *Hymen* : ici, fiançailles.
4. *Lors* : alors.
5. *Eut droit* : fut capable.
6. *Aventin* : une des sept collines de Rome.
7. Dans la mythologie grecque, Apollon est le dieu qui inspire les oracles.
8. *Parler à faux* : dire quelque chose de faux.
9. *Travaux* : épreuves, tourments.

45

195 « Albe et Rome demain prendront une autre face[1] ;
Tes vœux sont exaucés, elles auront la paix,
Et tu seras unie avec ton Curiace,
Sans qu'aucun mauvais sort t'en sépare jamais. »
Je pris sur cet oracle une entière assurance,
200 Et comme le succès passait[2] mon espérance,
J'abandonnai mon âme à des ravissements
Qui passaient les transports des plus heureux amants.
Jugez de leur excès : je rencontrai Valère,
Et contre sa coutume il ne put me déplaire,
205 Il me parla d'amour sans me donner d'ennui :
Je ne m'aperçus pas que je parlais à lui[3] ;
Je ne lui pus montrer de mépris ni de glace[4] ;
Tout ce que je voyais me semblait Curiace ;
Tout ce qu'on me disait me parlait de ses feux ;
210 Tout ce que je disais l'assurait de mes vœux.
Le combat général aujourd'hui se hasarde[5] ;
J'en sus hier la nouvelle, et je n'y pris pas garde :
Mon esprit rejetait ces funestes objets,
Charmé des doux pensers d'hymen et de la paix.
215 La nuit a dissipé des erreurs[6] si charmantes :
Mille songes affreux, mille images sanglantes,
Ou plutôt mille amas de carnage et d'horreur,
M'ont arraché ma joie et rendu ma terreur.
J'ai vu du sang, des morts, et n'ai rien vu de suite[7] ;
220 Un spectre en paraissant[8] prenait soudain la fuite ;

---

1. *Prendront une autre face* : prendront un nouvel aspect, connaîtront une nouvelle situation.
2. *Passer* : dépasser ou surpasser (v. 202).
3. *Que je parlais à lui* : que je lui parlais. La syntaxe, ainsi que l'orthographe, n'étaient pas définitivement fixées au XVIIe siècle.
4. *Glace* : froideur (vocabulaire galant).
5. *Se hasarde* : se livre, avec tous ses hasards.
6. *Erreurs* : illusions.
7. *De suite* : de suivi, de cohérent.
8. *En paraissant* : dès qu'il apparaissait.

Ils s'effaçaient l'un l'autre, et chaque illusion
Redoublait mon effroi par sa confusion.

JULIE

C'est en contraire sens qu'un songe s'interprète.

CAMILLE

Je le dois croire ainsi, puisque je le souhaite ;
225 Mais je me trouve enfin, malgré tous mes souhaits,
Au jour d'une bataille, et non pas d'une paix.

JULIE

Par là finit la guerre et la paix lui succède.

CAMILLE

Dure à jamais le mal, s'il y faut ce remède !
Soit que Rome y succombe ou qu'Albe ait le dessous,
230 Cher amant, n'attends plus d'être un jour mon époux ;
Jamais, jamais ce nom ne sera pour un homme
Qui soit ou le vainqueur ou l'esclave de Rome.
Mais quel objet nouveau se présente en ces lieux ?
Est-ce toi, Curiace ? en croirai-je mes yeux ?

Acte I   Scènes 1 et 2

LA SITUATION DE DÉPART

Récapitulez sous forme de tableaux ou de schémas les informations fournies par ces deux scènes d'exposition (voir p. 194) :

a) dans les domaines historique, géographique et militaire ;

b) en matière de liens familiaux et sentimentaux entre les personnages.

SABINE ET CAMILLE

1. Dégagez les ressemblances et les différences entre la situation de Sabine et celle de Camille.

2. Montrez le caractère pathétique (voir p. 196) de la situation de Sabine (vers 69-94, notamment).

3. Peut-on parler, à propos de la résolution des vers 87-94, de masochisme de sa part ? Justifiez votre réponse en vous appuyant sur le texte.

4. Étudiez les éléments du vocabulaire et du style qui révèlent le caractère passionné de Camille, en particulier aux vers 169-186.

5. L'attitude de Camille aux vers 199-214 vous paraît-elle psychologiquement plausible ?

LE SENS DU DEVOIR CHEZ LES DEUX HÉROÏNES

1. Sabine parvient-elle à rester parfaitement neutre entre sa patrie d'origine et sa patrie d'adoption ? Justifiez votre réponse par l'analyse de la composition, du vocabulaire, du style des vers 29-60. Aidez-vous du Petit Dictionnaire (p. 191) pour analyser le texte.

2. Camille est-elle entièrement dominée par son amour ou garde-t-elle le sens du devoir moral et patriotique ? Quels vers illustrent le mieux, selon vous, son attitude ?

SCÈNE 3. CURIACE, CAMILLE, JULIE.

CURIACE

235 N'en doutez point, Camille, et revoyez un homme
Qui n'est ni le vainqueur ni l'esclave de Rome ;
Cessez d'appréhender de voir rougir mes mains
Du poids honteux des fers ou du sang des Romains.
J'ai cru que vous aimiez assez Rome et la gloire
240 Pour mépriser ma chaîne et haïr ma victoire ;
Et comme également en cette extrémité
Je craignais la victoire et la captivité...

CAMILLE

Curiace, il suffit, je devine le reste :
Tu fuis une bataille à tes vœux si funeste,
245 Et ton cœur, tout à moi, pour ne me perdre pas,
Dérobe à ton pays le secours de ton bras.
Qu'un autre considère ici ta renommée
Et te blâme, s'il veut, de m'avoir trop aimée ;
Ce n'est point à Camille à t'en mésestimer :
250 Plus ton amour paraît, plus elle doit t'aimer ;
Et si tu dois beaucoup aux lieux qui t'ont vu naître,
Plus tu quittes pour moi, plus tu le[1] fais paraître.
Mais as-tu vu mon père, et peut-il endurer[2]
Qu'ainsi dans sa maison tu t'oses retirer ?
255 Ne préfère-t-il point l'État à sa famille ?
Ne regarde[3]-t-il point Rome plus que sa fille ?
Enfin notre bonheur est-il bien affermi ?
T'a-t-il vu comme gendre ou bien comme ennemi ?

CURIACE

Il m'a vu comme gendre, avec une tendresse
260 Qui témoignait assez une entière allégresse ;

---

1. *Le* : remplace « ton amour ».
2. *Endurer* : supporter, admettre.
3. *Regarde* : considère, estime.

49

Mais il ne m'a point vu, par une trahison,
Indigne de l'honneur d'entrer dans sa maison[1].
Je n'abandonne point l'intérêt de ma ville,
J'aime encor mon honneur en adorant Camille.
265 Tant qu'a duré la guerre, on m'a vu constamment
Aussi bon citoyen que véritable[2] amant.
D'Albe avec mon amour j'accordais la querelle[3] :
Je soupirais pour vous en combattant pour elle ;
Et s'il fallait encor que l'on en vînt aux coups,
270 Je combattrais pour elle en soupirant pour vous.
Oui, malgré les désirs de mon âme charmée,
Si la guerre durait, je serais dans l'armée ;
C'est la paix qui chez vous me donne un libre accès,
La paix à qui nos feux doivent ce beau succès.

CAMILLE

275 La paix ! Et le moyen de croire un tel miracle ?

JULIE

Camille, pour le moins, croyez-en votre oracle,
Et sachons pleinement par quels heureux effets
L'heure d'une bataille a produit cette paix.

CURIACE

L'aurait-on jamais cru ? Déjà les deux armées,
280 D'une égale chaleur au combat animées,
Se menaçaient des yeux et, marchant fièrement,
N'attendaient, pour donner[4], que le commandement,
Quand notre dictateur[5] devant les rangs s'avance,

---

1. *Maison* : ce mot désigne ici à la fois un bâtiment (v. 254) et une famille (v. 262).
2. *Véritable* : sincère.
3. *Querelle* : la cause (au sens où l'on défend une cause dans un procès).
4. *Pour donner* : pour donner l'assaut.
5. *Dictateur* : magistrat romain qui, dans des circonstances graves, est investi d'un pouvoir absolu dans tous les domaines, pour une durée limitée.

Demande à votre prince un moment de silence,
285 Et, l'ayant obtenu : « Que faisons-nous, Romains,
Dit-il, et quel démon nous fait venir aux mains[1] ?
Souffrons que la raison éclaire enfin nos âmes :
Nous sommes vos voisins, nos filles vos femmes,
Et l'hymen nous a joints par tant et tant de nœuds
290 Qu'il est peu de nos fils qui ne soient vos neveux.
Nous ne sommes qu'un sang et qu'un peuple en deux villes :
Pourquoi nous déchirer par des guerres civiles,
Où la mort des vaincus affaiblit les vainqueurs,
Et le plus beau triomphe est arrosé de pleurs ?
295 Nos ennemis communs attendent avec joie
Qu'un des partis défait[2] leur donne l'autre en proie,
Lassé, demi-rompu, vainqueur, mais, pour tout fruit,
Dénué d'un secours par lui-même détruit.
Ils ont assez longtemps joui de nos divorces[3] ;
300 Contre eux dorénavant joignons toutes nos forces ;
Et noyons dans l'oubli ces petits différends[4]
Qui de si bons guerriers font de mauvais parents.
Que si[5] l'ambition de commander aux autres
Fait marcher aujourd'hui vos troupes et les nôtres,
305 Pourvu qu'à moins de sang[6] nous voulions l'apaiser,
Elle nous unira, loin de nous diviser.
Nommons des combattants pour la cause commune :
Que chaque peuple aux siens attache sa fortune[7],
Et suivant ce que d'eux ordonnera le sort
310 Que le faible parti prenne loi du plus fort ;
Mais sans indignité pour des guerriers si braves,
Qu'ils deviennent sujets sans devenir esclaves,

---

1. *Venir aux mains* : en venir à se battre.
2. *Un des partis défait* : la défaite d'un des partis (latinisme).
3. *Divorces* : divisions, dissensions.
4. *Différends* : désaccords.
5. *Que si* : et si.
6. *À moins de sang* : au prix de moins de sang.
7. *Fortune* : sort ; destinée.

51

Sans honte, sans tribut[1], et sans autre rigueur
Que de suivre en tous lieux les drapeaux du vainqueur.
315 Ainsi nos deux États ne feront qu'un empire. »
Il semble qu'à ces mots notre discorde expire :
Chacun, jetant les yeux dans un rang ennemi,
Reconnaît un beau-frère, un cousin, un ami ;
Ils s'étonnent comment leurs mains, de sang avides,
320 Volaient, sans y penser, à tant de parricides,
Et font paraître un front couvert tout à la fois,
D'horreur pour la bataille et d'ardeur pour ce choix.
Enfin l'offre s'accepte[2], et la paix désirée
Sous ces conditions est aussitôt jurée :
325 Trois combattront pour tous ; mais pour les mieux choisir,
Nos chefs ont voulu prendre un peu plus de loisir :
Le vôtre est au sénat, le nôtre dans sa tente.

CAMILLE

Ô dieux, que ce discours rend mon âme contente !

CURIACE

Dans deux heures au plus, par un commun accord,
330 Le sort de nos guerriers réglera notre sort.
Cependant tout est libre, attendant qu'on les nomme :
Rome est dans notre camp, et notre camp dans Rome ;
D'un et d'autre côté l'accès étant permis,
Chacun va renouer avec ses vieux amis.
335 Pour moi, ma passion m'a fait suivre vos frères ;
Et mes désirs ont eu des succès si prospères
Que l'auteur de vos jours m'a promis à demain[3]
Le bonheur sans pareil de vous donner la main[4].
Vous ne deviendrez pas rebelle à sa puissance ?

---

1. *Tribut* : contribution financière payée par un vaincu à son vainqueur ;
symbole de sujétion.
2. *S'accepte* : est acceptée.
3. *À demain* : pour demain.
4. *Donner la main* : épouser.

CAMILLE

340 Le devoir d'une fille est en l'obéissance.

CURIACE

Venez donc recevoir ce doux commandement,
Qui doit mettre le comble à mon contentement.

CAMILLE

Je vais suivre vos pas, mais pour revoir mes frères
Et savoir d'eux encor la fin de nos misères.

JULIE

345 Allez, et cependant[1] au pied de nos autels
J'irai rendre pour vous grâces aux immortels[2].

1. *Cependant* : pendant ce temps.
2. *Immortels* : dieux.

Julie (Claude Winter), dans une mise en scène
de Jean-Pierre Miquel. Comédie-Française, 1971.

Acte I   Scène 3

LA STRUCTURE DE LA SCÈNE

1. En termes littéraires, comment appelle-t-on l'arrivée inattendue de Curiace ?

2. Essayez de délimiter les trois moments de cette scène et de définir le style employé par Corneille pour chacun d'eux.

3. De quel quiproquo (voir p. 198) Camille est-elle victime aux vers 243-258 ? Comment s'explique-t-il ?

4. Vers 276-278 : montrez que cette brève intervention de Julie coupe court à un mouvement qui s'amorçait et donne une nouvelle orientation à la scène.

LE PERSONNAGE DE CURIACE

1. Mettez en évidence les efforts de Curiace pour convaincre Camille qu'il adhère aux mêmes valeurs qu'elle (vers 235-242). Pourquoi cette insistance ?

2. Quelle image Curiace cherche-t-il à donner de lui-même aux vers 259-274 ? Dégagez les parallélismes et les antithèses des vers 261-262 et 272-273.

3. À quel type de préoccupation Curiace revient-il aux vers 329-339 ? Ce nouveau sujet et ce nouveau ton appartiennent-ils au style tragique ? Justifiez votre réponse.

LA GUERRE ENTRE ALBE ET ROME

1. Pourquoi cette répétition du mot « paix » aux vers 273-274-275 ?

2. Que veut démontrer le discours du dictateur albain (vers 285-315) ? Relevez les arguments successifs de ce discours.

3. Comment Corneille met-il en évidence toute l'horreur de la guerre entre Albe et Rome (vers 316 et suivants) ?

Ensemble de l'acte I

AU PLAN DRAMATIQUE

1. Bien qu'un acte d'exposition soit, par nature, assez statique, montrez que Corneille a réussi à animer l'acte I d'*Horace* en y introduisant différents éléments de surprise.

2. Pourquoi Corneille a-t-il donné une fin heureuse à cet acte I ? La tragédie ne semble-t-elle pas avoir fini avant même d'avoir commencé ? Quels sont, cependant, les éléments susceptibles de relancer l'action tragique ?

LA SITUATION

1. Résumez les principaux éléments portés à la connaissance du spectateur à la fin de l'acte I ?

2. Tous les personnages nous ont-ils été présentés dans cet acte ? Que pouvez-vous en déduire ?

LES PERSONNAGES

1. Julie est le seul personnage restant en scène d'un bout à l'autre de l'acte I. En vous souvenant que Corneille la définit comme une « dame romaine », démontrez qu'elle ne se contente pas d'être une auditrice passive, mais qu'elle incarne un certain nombre de principes. Analysez, scène par scène, sa position par rapport aux autres personnages, le style et l'importance de ses répliques, etc.

2. Comment Sabine, Camille et Curiace cherchent-ils à résoudre, chacun pour leur propre compte, le conflit opposant amour et devoir patriotique ? Montrez les parallélismes et les divergences.

3. On oppose, traditionnellement, Sabine à Camille : en quoi les deux jeunes femmes contrastent-elles essentiellement ?

4. Peut-on dire que Rome joue ici le rôle d'un véritable personnage écrasant les individus de la toute-puissance de sa volonté ? Analysez les figures de style employées par les différents personnages pour parler de Rome.

Acte II

SCÈNE PREMIÈRE. HORACE, CURIACE.

CURIACE

Ainsi Rome n'a point séparé[1] son estime,
Elle eût cru faire ailleurs[2] un choix illégitime :
Cette superbe ville en vos frères et vous
350 Trouve les trois guerriers qu'elle préfère à tous ;
Et son illustre ardeur d'oser plus que les autres[3]
D'une seule maison[4] brave toutes les nôtres :
Nous croirons, à la voir tout entière en vos mains,
Que hors les fils d'Horace, il n'est point de Romains.
355 Ce choix pouvait combler trois familles de gloire,
Consacrer hautement leurs noms à la mémoire[5] :
Oui, l'honneur que reçoit la vôtre par ce choix
En pouvait à bon titre immortaliser trois ;
Et puisque c'est chez vous que mon heur et ma flamme
360 M'ont fait placer ma sœur et choisir une femme,
Ce que je vais vous être et ce que je vous suis
Me font y[6] prendre part autant que je le puis ;
Mais un autre intérêt[7] tient ma joie en contrainte,
Et parmi ses douceurs mêle beaucoup de crainte :
365 La guerre en tel éclat[8] a mis votre valeur

---

1. *Séparé :* partagé, divisé.
2. *Ailleurs :* en choisissant d'autres personnes.
3. *Son illustre ... les autres :* sa tendance bien connue à se montrer plus hardie que les autres.
4. *D'une seule maison :* avec l'aide d'une seule famille.
5. *Consacrer ... mémoire :* faire passer glorieusement leurs noms à la postérité.
6. *Y :* à cet honneur.
7. *Intérêt :* sujet de préoccupation.
8. *En tel éclat :* en (telle) lumière.

Que je tremble pour Albe et prévois son malheur :
Puisque vous combattez, sa perte est assurée ;
En vous faisant nommer, le destin l'a jurée.
Je vois trop dans ce choix ses funestes projets,
370 Et me compte déjà pour un de vos sujets.

HORACE

Loin de trembler pour Albe, il vous faut plaindre Rome,
Voyant ceux qu'elle oublie et les trois qu'elle nomme.
C'est un aveuglement pour elle bien fatal,
D'avoir tant à choisir et de choisir si mal.
375 Mille de ses enfants beaucoup plus dignes d'elle
Pouvaient bien mieux que nous soutenir sa querelle ;
Mais quoique ce combat me promette un cercueil,
La gloire de ce choix m'enfle d'un juste orgueil ;
Mon esprit en conçoit une mâle assurance :
380 J'ose espérer beaucoup de mon peu de vaillance ;
Et du sort envieux[1] quels que soient les projets,
Je ne me compte point pour un de vos sujets.
Rome a trop cru de moi[2], mais mon âme ravie[3]
Remplira son attente ou quittera la vie.
385 Qui veut mourir ou vaincre est vaincu rarement :
Ce noble désespoir périt malaisément.
Rome, quoi qu'il en soit, ne sera point sujette[4],
Que[5] mes derniers soupirs n'assurent ma défaite.

CURIACE

Hélas ! c'est bien ici que je dois être plaint.
390 Ce que veut mon pays, mon amitié le craint.
Dures extrémités de voir Albe asservie,
Ou sa victoire au prix d'une si chère vie,

---

1. *Du sort envieux* : du sort défavorable (complément du nom
« projets »).
2. *A trop cru de moi* : a trop cru en moi, m'a trop fait confiance.
3. *Ravie* : transportée d'enthousiasme.
4. *Sujette* : assujettie, soumise.
5. *Que* : avant que.

Et que[1] l'unique bien où[2] tendent ses désirs
S'achète seulement par vos derniers soupirs !
395 Quels vœux puis-je former, et quel bonheur attendre ?
De tous les deux côtés[3], j'ai des pleurs à répandre ;
De tous les deux côtés mes désirs sont trahis.

HORACE

Quoi ! vous me pleureriez mourant pour mon pays !
Pour un cœur généreux ce trépas a des charmes ;
400 La gloire qui le suit ne souffre point de larmes,
Et je le recevrais en bénissant mon sort,
Si Rome et tout l'État perdaient moins en ma mort.

CURIACE

À vos amis pourtant permettez de le craindre ;
Dans un si beau trépas ils sont les seuls à plaindre :
405 La gloire en est pour vous, et la perte pour eux ;
Il vous fait immortel, et les rend malheureux :
On perd tout quand on perd un ami si fidèle.
Mais Flavian m'apporte ici quelque nouvelle.

SCÈNE 2.   HORACE, CURIACE, FLAVIAN.

CURIACE

Albe de trois guerriers a-t-elle fait le choix ?

FLAVIAN

410 Je viens pour vous l'apprendre.

CURIACE

                 Eh bien, qui sont les trois ?

---

1. *Et que* ... : proposition complétive dépendant de « voir » (v. 391).
2. *L'unique bien où* : le seul but vers lequel.
3. *De tous les deux côtés* : dans les deux cas.

FLAVIAN

Vos deux frères et vous.

CURIACE

Qui ?

FLAVIAN

Vous et vos deux frères.
Mais pourquoi ce front triste et ces regards sévères ?
Ce choix vous déplaît-il ?

CURIACE

Non, mais il me surprend :
Je m'estimais trop peu pour un honneur si grand.

FLAVIAN

415 Dirai-je au dictateur, dont l'ordre ici m'envoie,
Que vous le recevez avec si peu de joie ?
Ce morne et froid accueil me surprend à mon tour.

CURIACE

Dis-lui que l'amitié, l'alliance et l'amour
Ne pourront empêcher que les trois Curiaces
420 Ne servent leur pays contre les trois Horaces.

FLAVIAN

Contre eux ! Ah ! c'est beaucoup me dire en peu de mots.

CURIACE

Porte-lui ma réponse, et nous laisse en repos.

SCÈNE 3. HORACE, CURIACE.

CURIACE

Que désormais le ciel, les enfers et la terre
Unissent leurs fureurs à nous faire[1] la guerre ;

---

1. *À nous faire :* pour nous faire.

425 Que les hommes, les dieux, les démons et le sort
Préparent contre nous un général effort !
Je mets à[1] faire pis, en l'état où nous sommes,
Le sort, et les démons, et les dieux, et les hommes.
Ce qu'ils ont de cruel, et d'horrible et d'affreux,
430 L'est bien moins que l'honneur qu'on nous fait à tous deux.

HORACE

Le sort qui de l'honneur nous ouvre la barrière
Offre à notre constance une illustre matière[2],
Il épuise sa force à former un malheur
Pour mieux se mesurer avec notre valeur ;
435 Et comme il voit en nous des âmes peu communes,
Hors de l'ordre commun il nous fait des fortunes[3].
Combattre un ennemi pour le salut de tous,
Et contre un inconnu s'exposer seul aux coups,
D'une simple vertu c'est l'effet ordinaire :
440 Mille déjà l'ont fait, mille pourraient le faire ;
Mourir pour le pays est un si digne sort
Qu'on briguerait en foule une si belle mort ;
Mais vouloir au public immoler[4] ceux qu'on aime,
S'attaquer au combat contre un autre soi-même,
445 Attaquer un parti qui prend pour défenseur
Le frère d'une femme et l'amant d'une sœur,
Et, rompant tous ces nœuds, s'armer pour la patrie
Contre un sang qu'on voudrait racheter de sa vie,
Une telle vertu n'appartenait qu'à nous ;
450 L'éclat de son grand nom[5] lui fait peu de jaloux,
Et peu d'hommes au cœur[6] l'ont assez imprimée[7]

1. *Je mets à* : je mets au défi de.
2. *Une illustre matière* : une occasion de nous rendre illustres.
3. *Hors ... fortunes* : il nous donne des destinées hors du commun.
4. *Au public immoler* : sacrifier au bien, à l'intérêt (publics).
5. *L'éclat de son grand nom* : sa renommée si éclatante (il s'agit de la vertu).
6. *Au cœur* : dans leur cœur.
7. *Imprimée* : gravée, marquée (latinisme).

61

Pour oser aspirer à tant de renommée.

CURIACE

Il est vrai que nos noms ne sauraient[1] plus périr.
L'occasion est belle, il nous la faut chérir.
455 Nous serons les miroirs[2] d'une vertu bien rare ;
Mais votre fermeté tient un peu du barbare[3].
Peu, même des grands cœurs, tireraient vanité
D'aller par ce chemin à l'immortalité.
À quelque prix qu'on mette une telle fumée[4],
460 L'obscurité vaut mieux que tant de renommée.
Pour moi, je l'ose dire, et vous l'avez pu voir,
Je n'ai point consulté[5] pour suivre mon devoir ;
Notre longue amitié, l'amour, ni l'alliance,
N'ont pu mettre un moment mon esprit en balance[6] ;
465 Et puisque par ce choix Albe montre en effet[7]
Qu'elle m'estime autant que Rome vous a fait[8],
Je crois faire pour elle autant que vous pour Rome.
J'ai le cœur aussi bon[9], mais enfin je suis homme.
Je vois que votre honneur demande tout mon sang,
470 Que tout le mien consiste à vous percer le flanc,
Près d'épouser la sœur, qu'il faut tuer le frère,
Et que pour mon pays j'ai le sort si contraire.
Encor qu'à mon devoir je coure sans terreur,
Mon cœur s'en effarouche[10], et j'en frémis d'horreur ;
475 J'ai pitié de moi-même et jette un œil d'envie

---

1. *Sauraient* : pourraient.
2. *Miroirs* : exemples, modèles.
3. *Tient ... du barbare* : ressemble à de la barbarie.
4. *Fumée* : gloire vaine.
5. *Consulté* : réfléchi longuement, délibéré.
6. *En balance* : en état d'hésitation.
7. *En effet* : en pratique, en réalité.
8. *Vous a fait* : vous a estimé (le verbe « faire » reprend souvent, à l'époque classique, le dernier verbe exprimé).
9. *Bon* : noble, courageux.
10. *S'effaroucher* : se cabrer, se révolter.

Sur ceux dont notre guerre a consumé la vie,
Sans souhait toutefois de pouvoir reculer.
Ce triste et fier[1] honneur m'émeut sans m'ébranler.
J'aime ce qu'il me donne, et je plains[2] ce qu'il m'ôte ;
480 Et si Rome demande une vertu plus haute,
Je rends grâces aux dieux de n'être pas Romain,
Pour conserver encor quelque chose d'humain.

HORACE

Si vous n'êtes Romain, soyez digne de l'être ;
Et si vous m'égalez, faites-le mieux paraître.
485 La solide vertu dont je fais vanité
N'admet point de faiblesse avec sa fermeté ;
Et c'est mal de l'honneur entrer dans la carrière
Que dès le premier pas regarder en arrière.
Notre malheur est grand ; il est au plus haut point ;
490 Je l'envisage entier[3] ; mais je n'en frémis point :
Contre qui que ce soit que mon pays m'emploie,
J'accepte aveuglément cette gloire avec joie ;
Celle de recevoir de tels commandements
Doit étouffer en nous tous autres sentiments.
495 Qui, près de le[4] servir, considère autre chose,
À faire ce qu'il doit lâchement se dispose[5],
Ce droit saint et sacré rompt tout autre lien.
Rome a choisi mon bras, je n'examine rien :
Avec une allégresse aussi pleine et sincère
500 Que j'épousai la sœur, je combattrai le frère ;
Et, pour trancher enfin ces discours superflus,
Albe vous a nommé, je ne vous connais plus.

CURIACE

Je vous connais encore, et c'est ce qui me tue ;

---

1. *Fier :* cruel, barbare.
2. *Je plains :* je regrette.
3. *Je l'envisage entier :* je le contemple dans son intégralité.
4. *Le :* mis pour « mon pays ».
5. *À faire ... se dispose :* se prépare mollement à accomplir son devoir.

Mais cette âpre vertu ne m'était pas connue ;
505 Comme notre malheur elle est au plus haut point :
Souffrez que je l'admire et ne l'imite point.

HORACE

Non, non, n'embrassez pas de vertu par contrainte ;
Et puisque vous trouvez plus de charme à la plainte,
En toute liberté goûtez un bien si doux ;
510 Voici venir ma sœur pour se plaindre avec vous.
Je vais revoir la vôtre et résoudre[1] son âme
À se bien souvenir qu'elle est toujours ma femme,
À vous aimer encor, si je meurs par vos mains,
Et prendre en son malheur des sentiments romains.

---

1. *Résoudre* : décider.

Acte II   Scènes 1 à 3

L'ACTION

1. Au moment où le rideau se lève sur le deuxième acte, quelle est la situation exacte d'Horace et de Curiace ?

2. Montrez l'intérêt de la scène 2 d'un point de vue dramatique et pathétique.

LES PERSONNAGES

1. Les compliments dont Curiace accable Horace au début de la scène 1 s'expliquent-ils par un simple excès de politesse ou traduisent-ils un complexe d'infériorité de Curiace devant Horace ? Justifiez votre réponse en citant des éléments précis du texte.

2. Dégagez les parallélismes et les oppositions entre les deux tirades 347-370 et 371-388. Que peut-on en déduire à propos du caractère des deux protagonistes ?

3. Que révèlent chez Curiace l'emphase et la grandiloquence des vers 423-430 ?

4. Faites un portrait d'Horace vu par Curiace aux scènes 1 et 3 de l'acte II, et un portrait de Curiace vu par Horace aux mêmes scènes.

LA MORALE HÉROÏQUE

1. D'où Horace tient-il sa force morale ? Répondez en étudiant précisément les vers 431-436.

2. Définissez l'héroïsme cornélien d'après les vers 443-449.

3. Quelle portée donnez-vous exactement au célèbre : « Albe vous a nommé, je ne vous connais plus » (v. 502) ?

4. Qualifiez l'attitude d'Horace vis-à-vis d'autrui d'après les vers 507-514.

SCÈNE 4.   HORACE, CURIACE, CAMILLE.

HORACE

515 Avez-vous su l'état[1] qu'on fait de Curiace,
Ma sœur ?

CAMILLE

Hélas ! mon sort a bien changé de face.

HORACE

Armez-vous de constance, et montrez-vous ma sœur ;
Et si par mon trépas il retourne[2] vainqueur,
Ne le recevez point en meurtrier d'un frère,
520 Mais en homme d'honneur qui fait ce qu'il doit faire,
Qui sert bien son pays, et sait montrer à tous,
Par sa haute vertu, qu'il est digne de vous.
Comme si je vivais, achevez l'hyménée[3] ;
Mais si ce fer[4] aussi tranche sa destinée,
525 Faites[5] à ma victoire un pareil traitement :
Ne me reprochez point la mort de votre amant.
Vos larmes vont couler, et votre cœur se presse[6],
Consumez[7] avec lui toute cette faiblesse,
Querellez[8] ciel et terre, et maudissez le sort ;
530 Mais après le combat ne pensez plus au mort.
(À Curiace.)
Je ne vous laisserai qu'un moment avec elle,
Puis nous irons ensemble où l'honneur nous appelle.

---

1. L'état : le cas, l'estime.
2. Retourne : revient.
3. Achevez l'hyménée : célébrez le mariage.
4. Ce fer : Horace montre son glaive.
5. Faites : accordez.
6. Se presse : se serre.
7. Consumez : épuisez.
8. Querellez : accusez, invectivez.

SCÈNE 5. CAMILLE, CURIACE.

CAMILLE

Iras-tu, Curiace, et ce funeste honneur
Te plaît-il aux dépens de tout notre bonheur ?

CURIACE

535 Hélas ! je vois trop bien qu'il faut, quoi que je fasse,
Mourir, ou de douleur, ou de la main d'Horace.
Je vais comme au supplice à cet illustre emploi[1] ;
Je maudis mille fois l'état qu'on fait de moi,
Je hais cette valeur qui fait qu'Albe m'estime ;
540 Ma flamme au désespoir passe jusques au crime,
Elle se prend[2] au ciel et l'ose quereller,
Je vous plains, je me plains ; mais il y faut aller.

CAMILLE

Non ; je te connais mieux, tu veux que je te prie
Et qu'ainsi mon pouvoir[3] t'excuse à ta patrie[4].
545 Tu n'es que trop fameux par tes autres exploits :
Albe a reçu par eux tout ce que tu lui dois.
Autre[5] n'a mieux que toi soutenu cette guerre ;
Autre de plus de morts n'a couvert notre terre.
Ton nom[6] ne peut plus croître, il ne lui manque rien ;
550 Souffre qu'un autre ici puisse ennoblir le sien.

CURIACE

Que je souffre à mes yeux[7] qu'on ceigne une autre tête

---

1. *Emploi* : mission.
2. *Elle se prend* : elle s'en prend.
3. *Mon pouvoir* : l'influence que j'ai sur toi.
4. *À ta patrie* : auprès de, aux yeux de ta patrie.
5. *Autre* : aucun autre.
6. *Ton nom* : ta renommée, ta gloire.
7. *À mes yeux* : sous mes yeux, en ma présence (complément circonstanciel portant sur « ceigne »).

Des lauriers immortels[1] que la gloire m'apprête,
Ou que tout mon pays reproche à ma vertu
Qu'il aurait triomphé si j'avais combattu,
555 Et que sous mon amour ma valeur endormie
Couronne tant d'exploits d'une telle infamie !
Non, Albe, après l'honneur que j'ai reçu de toi,
Tu ne succomberas ni vaincras que par moi ;
Tu m'as commis[2] ton sort, je t'en rendrai bon compte,
560 Et vivrai sans reproche, ou périrai sans honte.

CAMILLE

Quoi ! tu ne veux pas voir qu'ainsi tu me trahis !

CURIACE

Avant que d'être à vous, je suis à mon pays.

CAMILLE

Mais te priver pour lui toi-même d'un beau-frère,
Ta sœur de son mari[3] !

CURIACE

Telle est notre misère :
565 Le choix d'Albe et de Rome ôte toute douceur
Aux noms jadis si doux de beau-frère et de sœur.

CAMILLE

Tu pourras donc, cruel, me présenter sa tête,
Et demander ma main pour prix de ta conquête !

CURIACE

Il n'y faut plus penser : en l'état où je suis,
570 Vous aimer sans espoir, c'est tout ce que je puis.
Vous en[4] pleurez, Camille ?

---

1. *Des lauriers immortels* : la couronne de lauriers était un symbole de la victoire.
2. *Commis* : confié.
3. *Ta sœur de son mari* : mais priver ta sœur de son mari (ellipse).
4. *En* : à cause de cela.

CAMILLE

Il faut bien que je pleure :
Mon insensible amant ordonne que je meure ;
Et quand l'hymen pour nous allume son flambeau[1],
Il l'éteint de sa main pour m'ouvrir le tombeau.
575 Ce cœur impitoyable à ma perte s'obstine,
Et dit qu'il m'aime encore alors qu'il m'assassine[2].

CURIACE

Que les pleurs d'une amante ont de puissants discours[3] ;
Et qu'un bel œil[4] est fort avec un tel secours !
Que mon cœur s'attendrit à cette triste vue !
580 Ma constance contre elle à regret s'évertue.
N'attaquez plus ma gloire avec tant de douleurs,
Et laissez-moi sauver ma vertu de vos pleurs ;
Je sens qu'elle chancelle et défend mal la place[5] :
Plus je suis votre amant, moins je suis Curiace.
585 Faible d'avoir déjà combattu l'amitié,
Vaincrait-elle à la fois l'amour et la pitié[6] ?
Allez, ne m'aimez plus, ne versez plus de larmes,
Ou j'oppose l'offense[7] à de si fortes armes ;
Je me défendrai mieux contre votre courroux,
590 Et pour le mériter je n'ai plus d'yeux pour vous.
Vengez-vous d'un ingrat, punissez un volage.
Vous ne vous montrez point sensible à cet outrage !
Je n'ai plus d'yeux pour vous, vous en avez pour moi !

---

1. *Flambeau* : allusion aux torches qu'on allumait dans l'Antiquité lors des mariages.
2. *M'assassine* : à prendre à la fois au sens galant et métaphorique (me brise le cœur) et au sens propre.
3. *Discours* : paroles, arguments.
4. *Bel œil* : beau visage, belle personne (métonymie galante).
5. *Défend mal la place* : a tendance à céder (métaphore militaire).
6. *Faible d'avoir ... et la pitié* : alors que ma vertu est déjà affaiblie par le combat qu'elle a livré contre l'amitié, serait-elle encore capable de vaincre l'amour et la pitié ?
7. *L'offense* : l'outrage, l'insulte.

En faut-il plus encor ? je renonce à ma foi.
595 Rigoureuse vertu dont je suis la victime,
Ne peux-tu résister sans le secours d'un crime ?

CAMILLE

Ne fais point d'autre crime, et j'atteste les dieux
Qu'au lieu de t'en haïr, je t'en aimerai mieux ;
Oui, je te chérirai, tout ingrat et perfide[1],
600 Et cesse d'aspirer au nom de fratricide.
Pourquoi suis-je Romaine, ou que n'es-tu Romain ?
Je te préparerais des lauriers de ma main ;
Je t'encouragerais, au lieu de te distraire[2],
Et je te traiterais comme j'ai fait[3] mon frère.
605 Hélas ! j'étais aveugle en mes vœux aujourd'hui ;
J'en ai fait contre toi quand j'en ai fait pour lui.
Il revient : quel malheur, si l'amour de sa femme
Ne peut non plus[4] sur lui que le mien sur ton âme.

SCÈNE 6. HORACE, CURIACE, CAMILLE, SABINE.

CURIACE

Dieux ! Sabine le suit ! Pour ébranler mon cœur,
610 Est-ce peu de Camille ? y[5] joignez-vous ma sœur ?
Et laissant à[6] ses pleurs vaincre ce grand courage,
L'amenez-vous ici chercher même avantage ?

---

1. *Tout ingrat et perfide :* tout ingrat et perfide que tu es.
2. *Distraire :* détourner (de ton devoir).
3. *Comme j'ai fait :* comme j'ai traité.
4. *Non plus :* pas plus.
5. *Y :* lui.
6. *À :* par.

SABINE

Non, non, mon frère, non ; je ne viens en ce lieu
Que pour vous embrasser et pour vous dire adieu.
615 Votre sang est trop bon, n'en craignez rien de lâche,
Rien dont la fermeté de ces grands cœurs se fâche[1] :
Si ce malheur illustre ébranlait l'un de vous,
Je le désavouerais pour[2] frère ou pour époux.
Pourrais-je toutefois vous faire une prière
620 Digne d'un tel époux et digne d'un tel frère ?
Je veux d'un coup si noble ôter l'impiété,
A l'honneur qui l'attend rendre sa pureté,
La mettre en son éclat sans mélange de crimes ;
Enfin je vous veux faire ennemis légitimes.
625 Du saint nœud qui vous joint je suis le seul lien :
Quand je ne serai plus, vous ne vous serez rien.
Brisez votre alliance et rompez-en la chaîne ;
Et puisque votre honneur veut des effets[3] de haine,
Achetez par ma mort le droit de vous haïr :
630 Albe le veut, et Rome ; il faut leur obéir.
Qu'un de vous deux me tue, et que l'autre me venge :
Alors votre combat n'aura plus rien d'étrange[4]
Et du moins l'un des deux sera juste agresseur,
Ou pour venger sa femme, ou pour venger sa sœur.
635 Mais quoi ? vous souilleriez une gloire si belle,
Si vous vous animiez[5] par quelque autre querelle :
Le zèle du pays[6] vous défend de tels soins ;
Vous feriez peu pour lui si vous vous étiez moins[7] :
Il lui faut, et sans haine, immoler un beau-frère.

---

1. *Se fâche* : s'afflige, s'attriste.
2. *Désavouerais pour* : renierais en tant que.
3. *Effets* : actes.
4. *Étrange* : insolite, choquant.
5. *Si vous vous animiez* : si vous vous donniez du courage.
6. *Du pays* : pour la patrie.
7. *Vous feriez peu ... moins* : vos actions pour la patrie auraient peu de valeur si vous étiez moins étroitement liés.

71

SABINE (Hélène Arié)... *Je ne viens en ce lieu*
Que pour vous embrasser et pour vous dire adieu.
Curiace (Bernard Lanneau), mise en scène de Marcelle Tessancourt
et Thierry Maulnier. Festival de Versailles, 1986.

640 Ne différez donc plus ce que vous devez faire :
Commencez par sa sœur à répandre son sang[1],
Commencez par sa femme à lui percer le flanc.
Commencez par Sabine à faire de vos vies

---

1. *Son sang :* le sang d'un beau-frère.

Un digne sacrifice à vos chères patries :
645 Vous êtes ennemis en ce combat fameux,
Vous d'Albe, vous de Rome, et moi de toutes deux.
Quoi ? me réservez-vous à voir[1] une victoire
Où, pour haut appareil d'une pompeuse gloire[2],
Je verrai les lauriers d'un frère ou d'un mari
650 Fumer encor d'un sang que j'aurai tant chéri ?
Pourrai-je entre vous deux régler[3] alors mon âme,
Satisfaire aux devoirs et de sœur et de femme,
Embrasser le vainqueur en pleurant le vaincu ?
Non, non, avant ce coup[4] Sabine aura vécu :
655 Ma mort le préviendra, de qui que je l'obtienne ;
Le refus de vos mains y condamne la mienne.[5]
Sus[6] donc, qui[7] vous retient ? Allez, cœur inhumains,
J'aurai trop de moyens pour y forcer vos mains.
Vous ne les aurez point au combat occupées
660 Que ce corps au milieu n'arrête vos épées[8],
Et, malgré vos refus, il faudra que leurs coups
Se fassent jour ici[9] pour aller jusqu'à vous.

HORACE

Ô ma femme !

CURIACE

Ô ma sœur !

---

1. *Me réservez-vous à voir* : m'épargnez-vous pour que je voie.
2. *Pour haut appareil d'une pompeuse gloire* : en guise d'ornement suprême d'une procession triomphale.
3. *Régler* : partager équitablement.
4. *Coup* : événement brutal.
5. *Le refus ... mienne* : le refus de me tuer de vos propres mains m'obligerait à le faire moi-même.
6. *Sus* : allons.
7. *Qui* : qu'est-ce qui (neutre).
8. *Vous ne ... épées* : vos mains ne seront pas si occupées au combat que je ne puisse, en m'interposant, arrêter vos épées.
9. *Se fassent jour ici* : s'ouvrent un passage à travers ma poitrine (qu'elle désigne du geste).

73

CAMILLE

Courage ! ils s'amollissent[1].

SABINE

Vous poussez des soupirs ; vos visages pâlissent !
665 Quelle peur vous saisit ? Sont-ce là ces grands cœurs,
Ces héros qu'Albe et Rome ont pris pour défenseurs ?

HORACE

Que t'ai-je fait, Sabine, et quelle est mon offense,
Qui[2] t'oblige à chercher une telle vengeance ?
Que t'a fait mon honneur et par quel droit viens-tu
670 Avec toute ta force attaquer ma vertu ?
Du moins contente-toi de l'avoir étonnée,
Et me laisse achever cette grande journée.
Tu me viens de réduire en un étrange point[3] ;
Aime assez ton mari pour n'en triompher point.
675 Va-t'en, et ne me rends plus la victoire douteuse ;
La dispute[4] déjà m'en est assez honteuse :
Souffre qu'avec honneur je termine mes jours.

SABINE

Va, cesse de me craindre : on vient à ton secours.

SCÈNE 7. LE VIEIL HORACE, HORACE, CURIACE, SABINE, CAMILLE.

LE VIEIL HORACE

Qu'est ceci, mes enfants ? écoutez-vous vos flammes,
680 Et perdez-vous encor le temps avec des femmes ?
Prêts à verser du sang, regardez-vous des pleurs ?

---

1. *Ils s'amollissent :* ils s'attendrissent.
2. *Qui :* qu'est-ce qui.
3. *Réduire en un étrange point :* mettre dans un état inhabituel.
4. *La dispute :* le fait d'en débattre, d'en discuter.

LE VIEIL HORACE (Bruce Myers). *Qu'est ceci, mes enfants ?*
Horace (Grégoire Ingold) et Curiace (Éric Vigner).
Mise en scène de Brigitte Jaques,
Théâtre national de Chaillot, 1989.

Fuyez, et laissez-les déplorer leurs malheurs.
Leurs plaintes ont pour vous trop d'art et de tendresse.
Elles vous feraient part enfin[1] de[2] leur faiblesse,
685 Et ce n'est qu'en fuyant qu'on pare de tels coups.

---

1. *Enfin :* à la longue
2. *Feraient part de :* feraient partager.

SABINE

N'appréhendez rien d'eux[1], ils sont dignes de vous.
Malgré tous nos efforts, vous en devez attendre
Ce que vous souhaitez et d'un fils et d'un gendre ;
Et si notre faiblesse ébranlait leur honneur,
690 Nous vous laissons ici pour leur rendre du cœur.
Allons, ma sœur, allons, ne perdons plus de larmes :
Contre tant de vertus ce sont de faibles armes.
Ce n'est qu'au désespoir qu'il nous faut recourir.
Tigres, allez combattre, et nous, allons mourir.

SCÈNE 8. LE VIEIL HORACE, HORACE, CURIACE.

HORACE

695 Mon père, retenez des femmes qui s'emportent[2],
Et de grâce empêchez surtout qu'elles ne sortent.
Leur amour importun viendrait avec éclat[3]
Par des cris et des pleurs troubler notre combat ;
Et ce qu'elles nous sont[4] ferait qu'avec justice
700 On nous imputerait ce mauvais artifice[5].
L'honneur d'un si beau choix serait trop acheté,
Si l'on nous soupçonnait de quelque lâcheté.

---

1. *N'appréhendez rien d'eux* : n'ayez aucune crainte à leur sujet.
2. *S'emportent* : ne se contrôlent plus.
3. *Avec éclat* : en causant du scandale.
4. *Ce qu'elles nous sont* : ce qu'elles sont pour nous (une femme, une fiancée, des sœurs).
5. *On nous imputerait ce mauvais artifice* : on nous accuserait d'avoir monté ce stratagème (pour ne pas combattre).

LE VIEIL HORACE

J'en aurai soin. Allez, vos frères vous attendent ;
Ne pensez qu'aux devoirs que vos pays demandent.

CURIACE

705 Quel adieu vous dirai-je ? et par quels compliments[1] ...

LE VIEIL HORACE

Ah ! n'attendrissez point ici mes sentiments ;
Pour vous encourager ma voix manque de termes ;
Mon cœur ne forme point de pensers[2] assez fermes ;
Moi-même en cet adieu j'ai des larmes aux yeux.
710 Faites votre devoir, et laissez faire aux dieux[3].

---

1. *Compliments* : formules de politesse.
2. *Pensers* : pensées.
3. *Aux dieux* : les dieux.

Acte II   Scènes 4 à 8

AU PLAN DRAMATIQUE

1. Résumez en quelques lignes l'évolution de l'action au cours des scènes 4 à 8.

2. Quel est, à la fin de l'acte, l'événement qui vient redonner l'avantage au « clan des hommes » ?

LES RAPPORTS ENTRE LES PERSONNAGES

1. Quelles sont les tactiques respectives de Camille et de Sabine pour fléchir les combattants ? Plus précisément, quelles sont, d'après vous, la nature et la portée respectives de chacun des arguments employés par Camille (v. 543-576). De même, dégagez le plan précis de la tirade des vers 613-662 et résumez schématiquement l'argumentation de Sabine.

2. Face à cette double offensive de Camille et de Sabine, quelles sont les parades utilisées par les deux guerriers ? Citez le texte.

3. Mettez en évidence le respect, et même la crainte, qu'inspire à Horace l'intervention de sa femme (vers 667-677).

4. Comment le Vieil Horace considère-t-il les femmes (v. 679-685) ? À quelle tradition cette conception de la femme est-elle rattachée ?

5. En étudiant la scène 8, montrez comment Corneille a voulu compléter et nuancer le personnage du Vieil Horace. Sur quelle impression veut-il nous laisser au moment du baisser de rideau ?

Ensemble de l'acte II

LA DYNAMIQUE DE L'ACTE

1. Peut-on légitimement affirmer que le début (sc. 1 et 2) et la fin (sc. 7 et 8) de l'acte II présentent un intérêt essentiellement dramatique, le milieu de l'acte étant, quant à lui, surtout consacré à l'analyse psychologique ? Justifiez votre réponse en citant le texte.

2. L'acte I, commencé dans l'inquiétude, se terminait sur une note de soulagement ; mettez en évidence le mouvement inverse de l'acte II.

3. Au début de la pièce, tous les personnages étaient unis par de très solides liens d'affection ; établissez un rapide bilan des sentiments de chacun à la fin de l'acte II.

L'ÉMOTION

Au cours de cet acte, tous les personnages sont aux prises avec l'émotion ; indiquez pour chacun d'eux : les moments où il est le plus ému ; le degré de son émotion et la manière dont il l'exprime.

LE CONFLIT DES VALEURS

1. L'opposition entre Horace et Curiace tient en partie à la différence de leurs caractères ; mais, plus fondamentalement, elle recouvre deux conceptions différentes du devoir (et donc de la « gloire ») : quelle est, pour chacun d'eux, la valeur suprême ? Étudiez notamment la scène 3 de l'acte II.

2. Montrez que la morale d'Horace, contrairement à celle de Curiace, est une morale d'action. Argumentez en vous appuyant sur le texte.

3. Curiace vous semble-t-il plus proche de nous qu'Horace ? Pourquoi ?

4. Dans quel état d'esprit Horace et Curiace partent-ils au combat ? Fondez votre réponse sur une relecture soigneuse de l'acte II.

5. En étudiant précisément ses interventions, faites un premier portrait du Vieil Horace.

Brigitte Jaques, interprète de Sabine
et metteur en scène d'*Horace*
au théâtre national de Chaillot, 1989.

Acte III

SCÈNE PREMIÈRE. SABINE.

Prenons parti, mon âme, en de telles disgrâces[1] :
Soyons femme d'Horace, ou sœur des Curiaces ;
Cessons de partager nos inutiles soins ;
Souhaitons quelque chose, et craignons un peu moins.
715 Mais, las[2] ! quel parti prendre en un sort si contraire ?
Quel ennemi choisir, d'un époux ou d'un frère ?
La nature ou l'amour parle pour chacun d'eux,
Et la loi du devoir m'attache à tous les deux.
Sur leurs hauts sentiments réglons plutôt les nôtres ;
720 Soyons femme de l'un ensemble[3] et sœur des autres :
Regardons leur honneur comme un souverain bien ;
Imitons leur constance, et ne craignons plus rien.
La mort qui les menace est une mort si belle
Qu'il en faut sans frayeur attendre la nouvelle.
725 N'appelons point alors les destins inhumains[4] ;
Songeons pour quelle cause, et non par quelles mains ;
Revoyons les vainqueurs, sans penser qu'à[5] la gloire
Que toute leur maison reçoit de leur victoire ;
Et, sans considérer aux dépens de quel sang
730 Leur vertu les élève en cet illustre rang,
Faisons nos intérêts de ceux de leur famille :
En l'une je suis femme, en l'autre je suis fille,
Et tiens à toutes deux par de si forts liens

---

1. *Disgrâces* : malheurs, infortunes.
2. *Las* : hélas.
3. *Ensemble* : à la fois.
4. *N'appelons ... inhumains* : n'appelons point alors inhumains les destins. « Inhumains » est attribut du complément d'objet direct.
5. *Qu'à* : à autre chose qu'à.

Qu'on ne peut triompher que par les bras des miens.
735 Fortune, quelques maux que ta rigueur m'envoie,
J'ai trouvé les moyens d'en tirer de la joie,
Et puis voir aujourd'hui le combat sans terreur,
Les morts sans désespoir, les vainqueurs sans horreur.
Flatteuse illusion, erreur douce et grossière,
740 Vain effort de mon âme, impuissante lumière
De qui le faux brillant prend droit de m'éblouir[1],
Que tu sais peu durer et tôt t'évanouir !
Pareille à ces éclairs qui dans le fort des ombres[2]
Poussent un jour[3] qui fuit et rend les nuits plus sombres,
745 Tu n'as frappé mes yeux d'un moment de clarté
Que pour les abîmer[4] dans plus d'obscurité.
Tu charmais trop ma peine, et le ciel, qui s'en fâche,
Me vend déjà bien cher ce moment de relâche.
Je sens mon triste cœur percé de tous les coups
750 Qui m'ôtent maintenant un frère ou mon époux.
Quand je songe à leur mort, quoi que je me propose,
Je songe par quel bras, et non pour quelle cause,
Et ne vois les vainqueurs en leur illustre rang
Que pour considérer aux dépens de quel sang
755 La maison des vaincus touche seule mon âme :
En l'une je suis fille, en l'autre je suis femme,
Et tiens à toutes deux par de si forts liens
Qu'on ne peut triompher que par la mort des miens.
C'est là donc cette paix que j'ai tant souhaitée !
760 Trop favorables dieux, vous m'avez écoutée !
Quels foudres[5] lancez-vous quand vous nous irritez,
Si même vos faveurs ont tant de cruautés ?
Et de quelle façon punissez-vous l'offense,
Si vous traitez ainsi les vœux de l'innocence ?

---

1. *De qui ... m'éblouir* : dont l'éclat trompeur se permet de m'aveugler.
2. *Le fort des ombres* : l'ombre la plus épaisse.
3. *Poussent un jour* : jettent une clarté.
4. *Abîmer* : précipiter, plonger.
5. *Foudres* : genre masculin, habituel au XVIIᵉ siècle.

Sabine (Hélène Arié) et Julie (Annick Fougery)
dans une mise en scène de Marcelle Tassencourt
et Thierry Maulnier. Festival de Versailles, 1986.

SCÈNE 2. SABINE, JULIE.

SABINE

765 En est-ce fait, Julie, et que m'apportez-vous ?
Est-ce la mort d'un frère, ou celle d'un époux ?
Le funeste succès de leurs armes impies
De tous les combattants a-t-il fait des hosties[1]

---

1. *Hosties :* victimes (latinisme).

83

Et, m'enviant[1] l'horreur que j'aurais des vainqueurs,
770 Pour tous tant qu'ils étaient demande-t-il mes pleurs ?

JULIE

Quoi ? ce qui s'est passé, vous l'ignorez encore ?

SABINE

Vous faut-il étonner de ce que je l'ignore,
Et ne savez-vous point que de cette maison
Pour Camille et pour moi l'on fait une prison ?
775 Julie, on nous renferme, on a peur de nos larmes ;
Sans cela nous serions au milieu de leurs armes,
Et, par les désespoirs d'une chaste amitié,
Nous aurions des deux camps tiré quelque pitié.

JULIE

Il n'était pas besoin d'un si tendre spectacle :
780 Leur vue à leur combat apporte assez d'obstacle.
Sitôt qu'ils ont paru prêts à se mesurer,
On a dans les deux camps entendu murmurer[2].
À voir[3] de tels amis, des personnes si proches,
Venir pour leur patrie aux mortelles approches[4],
785 L'un s'émeut de pitié, l'autre est saisi d'horreur,
L'autre d'un si grand zèle admire la fureur ;
Tel porte jusqu'aux cieux[5] leur vertu sans égale,
Et tel l'ose nommer sacrilège et brutale.
Ces divers sentiments n'ont pourtant qu'une voix ;
790 Tous accusent leurs chefs, tous détestent[6] leur choix ;
Et, ne pouvant souffrir un combat si barbare,
On s'écrie, on s'avance, enfin on les sépare.

---

1. *M'enviant :* me refusant, ici, m'épargnant.
2. *Murmurer :* gronder (sens étymologique).
3. *À voir :* en voyant.
4. *Venir ... approches :* en venir ... à un corps-à-corps mortel.
5. *Porte jusqu'aux cieux :* porte aux nues, célèbre.
6. *Détestent :* maudissent.

SABINE

Que je vous dois d'encens, grands dieux, qui m'exaucez[1] !

JULIE

Vous n'êtes pas, Sabine, encore où vous pensez :
795 Vous pouvez espérer, vous avez moins à craindre ;
Mais il vous reste encore assez de quoi vous plaindre.
En vain d'un sort si triste on les veut garantir ;
Ces cruels généreux[2] n'y peuvent consentir :
La gloire de ce choix leur est si précieuse
800 Et charme tellement leur âme ambitieuse
Qu'alors qu'on les déplore[3] ils s'estiment heureux
Et prennent pour affront[4] la pitié qu'on a d'eux.
Le trouble des deux camps souille leur renommée ;
Ils combattront plutôt et l'une et l'autre armée,
805 Et mourront par les mains qui leur font d'autres lois,
Que pas un d'eux renonce aux honneurs d'un tel choix[5].

SABINE

Quoi ? dans leur dureté ces cœurs d'acier s'obstinent !

JULIE

Oui, mais d'autre côté les deux camps se mutinent,
Et leurs cris, des deux parts poussés en même temps
810 Demandent la bataille ou d'autres combattants,
La présence des chefs à peine est respectée,
Leur pouvoir est douteux, leur voix mal écoutée ;
Le roi même s'étonne, et, pour dernier effort :
« Puisque chacun, dit-il, s'échauffe en ce discord[6],

---

1. *M'exaucez* : écoutez favorablement ma prière.
2. *Généreux* : ici, nom commun (hommes nobles et braves).
3. *Déplore* : plaint.
4. *Prennent pour affront* : considèrent comme un affront.
5. *Et mourront ... choix* : et mourront plutôt par les mains qui leur imposent de ne pas combattre plutôt que de renoncer à l'honneur d'avoir été choisis.
6. *Discord* : désaccord.

815 Consultons des grands dieux la majesté sacrée,
Et voyons si ce change[1] à leurs bontés agrée.
Quel impie osera se prendre à[2] leur vouloir,
Lorsqu'en un sacrifice ils nous l'auront fait voir ? »
Il se tait, et ces mots semblent être des charmes.
820 Même aux six combattants ils arrachent les armes ;
Et ce désir d'honneur qui leur ferme les yeux,
Tout aveugle qu'il est, respecte encor les dieux.
Leur plus bouillante ardeur cède à l'avis de Tulle ;
Et soit par déférence, ou par un prompt scrupule,
825 Dans l'une et l'autre armée on s'en fait une loi,
Comme si toutes deux le connaissaient pour roi.
Le reste s'apprendra par la mort des victimes[3].

SABINE

Les dieux n'avoueront point[4] un combat plein de crimes ;
J'en[5] espère beaucoup, puisqu'il est différé,
830 Et je commence à voir ce que j'ai désiré.

SCÈNE 3.　SABINE, CAMILLE, JULIE.

SABINE

Ma sœur, que je vous die[6] une bonne nouvelle.

CAMILLE

Je pense la savoir, s'il faut la nommer telle.

---

1. *Change* : changement.
2. *Se prendre à* : s'en prendre à, contester.
3. *Victimes* : animaux sacrifiés. L'examen de leurs entrailles était censé révéler la volonté des dieux.
4. *N'avoueront point* : n'approuveront pas.
5. *En* : des dieux.
6. *Die* : dise ; « die » est une forme archaïque.

86

On l'a dite à mon père, et j'étais avec lui ;
Mais je n'en conçois rien qui flatte mon ennui.
835 Ce délai de nos maux rendra leurs coups plus rudes ;
Ce n'est qu'un plus long terme à nos inquiétudes ;
Et tout l'allégement qu'il en faut espérer,
C'est de pleurer plus tard ceux qu'il faudra pleurer.

SABINE

Les dieux n'ont pas en vain inspiré ce tumulte[1].

CAMILLE

840 Disons plutôt, ma sœur, qu'en vain on les consulte.
Ces mêmes dieux à Tulle ont inspiré ce choix[2] ;
Et la voix du public[3] n'est pas toujours leur voix ;
Ils descendent bien moins dans de si bas étages[4]
Que dans l'âme des rois, leurs vivantes images,
845 De qui l'indépendante et sainte autorité
Est un rayon secret de leur divinité.

divine right

JULIE

C'est vouloir sans raison vous former des obstacles
Que de chercher leur voix ailleurs qu'en leurs oracles ;
Et vous ne vous pouvez figurer tout perdu[5],
850 Sans démentir celui qui vous fut hier rendu.

CAMILLE

Un oracle jamais ne se laisse comprendre :
On l'entend d'autant moins que plus on croit l'entendre[6] ;
Et loin de s'assurer sur[7] un pareil arrêt,

---

1. *Tumulte* : révolte, désordre (sens étymologique).
2. *Ce choix* : c'est-à-dire la décision de choisir trois champions dans chaque camp.
3. *Public* : peuple.
4. *De si bas étages* : des âmes aussi basses, des conditions aussi humbles.
5. *Et ... perdu* : et vous ne pouvez vous figurer que tout est perdu.
6. *Que plus on croit l'entendre* : qu'on croit mieux le comprendre.
7. *S'assurer sur* : mettre sa confiance en, se tranquilliser grâce à.

Qui n'y voit rien d'obscur doit croire que tout l'est.

SABINE

855 Sur ce qui fait pour nous[1] prenons plus d'assurance,
Et souffrons les douceurs d'une juste[2] espérance,
Quand la faveur du ciel ouvre à demi ses bras,
Qui ne s'en promet[3] rien ne la mérite pas ;
Il empêche souvent qu'elle ne se déploie,
860 Et lorsqu'elle descend, son refus la renvoie.

CAMILLE

Le ciel agit sans nous en ces événements,
Et ne les règle point dessus[4] nos sentiments.

JULIE

Il ne vous a fait peur que pour vous faire grâce.
Adieu : je vais savoir comme[5] enfin tout se passe.
865 Modérez vos frayeurs ; j'espère à mon retour
Ne vous entretenir que de propos d'amour,
Et que[6] nous n'emploierons la fin de la journée
Qu'aux doux préparatifs d'un heureux hyménée.

SABINE

J'ose encor l'espérer.

CAMILLE

Moi, je n'espère rien.

JULIE

870 L'effet[7] vous fera voir que nous en jugeons bien.

---

1. *Ce qui fait pour nous* : ce qui agit à notre avantage.
2. *Juste* : fondée, justifiée.
3. *S'en promet* : en attend.
4. *Dessus* : sur.
5. *Comme* : comment.
6. *Et que* : et (j'espère) que.
7. *L'effet* : la réalité, les faits.

SCÈNE 4. SABINE, CAMILLE.

SABINE

Parmi vos déplaisirs souffrez que je vous blâme :
Je ne puis approuver tant de trouble en votre âme ;
Que feriez-vous, ma sœur, au point où[1] je me vois,
Si vous aviez à craindre autant que je le dois,
875 Et si vous attendiez de leurs armes fatales[2]
Des maux pareils aux miens, et des pertes égales ?

CAMILLE

Parlez plus sainement de vos maux et des miens :
Chacun voit ceux d'autrui d'un autre œil que les siens :
Mais à bien regarder ceux où[3] le ciel me plonge,
880 Les vôtres auprès d'eux vous sembleront un songe[4].
La seule mort d'Horace est à craindre pour vous.
Des frères ne sont rien à l'égal d'un époux ;
L'hymen qui nous attache en une autre famille
Nous détache de celle où l'on a vécu fille ;
885 On voit d'un œil divers des nœuds si différents,
Et pour suivre un mari l'on quitte ses parents ;
Mais, si près d'un hymen, l'amant que donne un père
Nous est moins qu'un époux, et non pas moins qu'un frère :
Nos sentiments entre eux demeurent suspendus[5],
890 Notre choix impossible, et nos vœux confondus.
Ainsi, ma sœur, du moins vous avez dans vos plaintes
Où porter vos souhaits et terminer vos craintes[6] ;
Mais si le ciel s'obstine à nous persécuter,
Pour moi, j'ai tout à craindre, et rien à souhaiter.

---

1. *Au point où* : dans la situation où.
2. *Fatales* : qui apportent la mort.
3. *Où* : dans lesquels.
4. *Un songe* : une chimère.
5. *Demeurent suspendus* : restent incertains, hésitants.
6. *Où ... vos craintes* : quelque chose à espérer qui apaiserait définitivement vos craintes.

SABINE

895 Quand il faut que l'un meure et par les mains de l'autre,
C'est un raisonnement bien mauvais que le vôtre.
Quoique ce soient, ma sœur, des nœuds bien différents,
C'est sans les oublier qu'on quitte ses parents :
L'hymen n'efface point ces profonds caractères[1] ;
900 Pour aimer[2] un mari, l'on ne hait pas ses frères :
La nature en tout temps garde ses premiers droits ;
Aux dépens de leur vie on ne fait point de choix :
Aussi bien qu'un époux ils sont d'autres nous-mêmes ;
Et tous maux sont pareils alors qu'ils sont extrêmes.
905 Mais l'amant qui vous charme et pour qui vous brûlez
Ne vous est, après tout, que ce que vous voulez ;
Une mauvaise humeur, un peu de jalousie,
En fait assez souvent passer la fantaisie ;
Ce que peut le caprice, osez-le par raison,
910 Et laissez votre sang hors de comparaison :
C'est crime qu'opposer des liens volontaires
À ceux que la naissance a rendus nécessaires.
Si donc le ciel s'obstine à nous persécuter,
Seule j'ai tout à craindre, et rien à souhaiter ;
915 Mais pour vous, le devoir vous donne, dans vos plaintes,
Où porter vos souhaits et terminer vos craintes.

CAMILLE

Je le vois bien, ma sœur, vous n'aimâtes jamais ;
Vous ne connaissez point ni l'amour ni ses traits :
On peut lui résister quand il commence à naître,
920 Mais non pas le bannir quand il s'est rendu maître,
Et que[3] l'aveu[4] d'un père, engageant notre foi,

l'amour est irrésistible

---

1. *Caractères* : empreintes, impressions gravées en nous.
2. *Pour aimer* : parce qu'on aime (valeur causale).
3. *Et que* : et quand (« que » remplace une conjonction de subordination précédemment employée).
4. *L'aveu* : l'autorisation, l'accord.

A fait de ce tyran un légitime roi :
Il entre avec douceur, mais il règne par force :
Et quand l'âme une fois a goûté son amorce[1],
925 Vouloir ne plus aimer, c'est ce qu'elle ne peut,
Puisqu'elle ne peut plus vouloir que ce qu'il veut :
Ses chaînes sont pour nous aussi fortes que belles.

---

1. *Goûté son amorce :* subi sa séduction.

Acte III   Scènes 1 à 4

L'UTILITÉ DES SCÈNES

1. De ces quatre scènes, une seule possède un certain intérêt dramatique : laquelle ? Pourquoi ?

2. À la scène 4, que cherchent à se démontrer réciproquement les deux belles-sœurs ?

3. Pourquoi cette scène 4, qui repose sur une distinction subtile entre le statut du mari et celui de l'amant (du fiancé) peut-elle nous paraître assez « creuse » aujourd'hui ?

LE RÉCIT DE JULIE (vers 779-827)

1. Montrez que les tirades de Julie constituent un récit épique (voir p. 193) en trois parties ; donnez un titre à chacune.

2. Qualifiez la réaction de Sabine à l'issue de chacune de ces parties.

3. Quel est le dénouement du récit de Julie ?

4. Pourquoi Corneille a-t-il ajouté cet épisode, absent chez Tite-Live (voir p. 170) ?

CORNEILLE ET L'ACTUALITÉ DE SON TEMPS

1. D'après vos connaissances historiques, quelle est la conception du pouvoir royal évoquée aux vers 840-846 ? Comparez ce passage aux vers 808 et suivants, où la royauté apparaît sous un jour très différent.

2. Comment, d'après les vers 855-860, les hommes doivent-ils accueillir les secours envoyés par la divinité ?

SCÈNE 5. LE VIEIL HORACE, SABINE, CAMILLE.

LE VIEIL HORACE

Je viens vous apporter de fâcheuses nouvelles,
Mes filles ; mais en vain je voudrais vous celer
930 Ce qu'on ne vous saurait longtemps dissimuler :
Vos frères sont aux mains[1], les dieux ainsi l'ordonnent.

SABINE

Je veux bien l'avouer, ces nouvelles m'étonnent ;
Et je m'imaginais dans la divinité
Beaucoup moins d'injustice et bien plus de bonté.
935 Ne nous consolez point : contre tant d'infortune
La pitié parle en vain, la raison importune.
Nous avons en nos mains[2] la fin de nos douleurs,
Et qui veut bien mourir peut braver les malheurs.
Nous pourrions aisément faire en votre présence
940 De notre désespoir une fausse constance ;
Mais quand on peut sans honte être sans fermeté,
L'affecter[3] au dehors, c'est une lâcheté ;
L'usage d'un tel art[4], nous le laissons aux hommes,
Et ne voulons passer que pour ce que nous sommes.
945 Nous ne demandons point qu'un courage[5] si fort
S'abaisse à notre exemple à se plaindre du sort.
Recevez sans frémir ces mortelles alarmes ;
Voyez couler nos pleurs sans y mêler vos larmes ;
Enfin, pour toute grâce, en de tels déplaisirs,
950 Gardez votre constance, et souffrez nos soupirs

LE VIEIL HORACE

Loin de blâmer les pleurs que je vous vois répandre,

---

1. *Sont aux mains* : sont aux prises.
2. *En nos mains* : en notre possession (nos mains peuvent nous tuer et mettre fin à nos douleurs).
3. *L'affecter* : simuler la fermeté.
4. *Art* : artifice, presque hypocrisie dans ce contexte.
5. *Un courage* : un cœur (celui du Vieil Horace).

93

Je crois faire beaucoup de m'en pouvoir défendre,
Et céderais peut-être à de si rudes coups,
Si je prenais ici même intérêt que vous :
955 Non qu'Albe par son choix m'ait fait haïr vos frères,
Tous trois me sont encor des personnes bien chères ;
Mais enfin l'amitié n'est pas du même rang
Et n'a point les effets de l'amour ni du sang ;
Je ne sens point pour eux la douleur qui tourmente
960 Sabine comme sœur, Camille comme amante :
Je puis les regarder comme nos ennemis,
Et donne sans regret mes souhaits à mes fils.
Ils sont, grâces aux dieux, dignes de leur patrie ;
Aucun étonnement[1] n'a leur gloire flétrie[2] ;
965 Et j'ai vu leur honneur croître de la moitié,
Quand ils ont des deux camps refusé la pitié.
Si par quelque faiblesse ils l'avaient mendiée,
Si leur haute vertu ne l'eût répudiée[3],
Ma main bientôt sur eux m'eût vengé hautement[4]
970 De l'affront que m'eût fait ce mol[5] consentement.
Mais lorsqu'en dépit d'eux on en a voulu d'autres,
Je ne le cèle point, j'ai joint mes vœux aux vôtres.
Si le ciel pitoyable[6] eût écouté ma voix,
Albe serait réduite à faire un autre choix ;
975 Nous pourrions voir tantôt[7] triompher les Horaces
Sans voir leurs bras souillés du sang des Curiaces,
Et de l'événement[8] d'un combat plus humain

---

1. *Aucun étonnement* : ici, l'absence de réaction produite par une situation aussi épouvantable.
2. *N'a leur gloire flétrie* : n'a flétri leur gloire. Le complément d'un verbe composé pouvait se placer entre l'auxiliaire et le participe passé ; dans ce cas, celui-ci s'accordait généralement avec le complément.
3. *Répudiée* : refusée, rejetée.
4. *Hautement* : avec force, avec rigueur.
5. *Mol* : lâche.
6. *Pitoyable* : sensible à la pitié.
7. *Tantôt* : bientôt.
8. *Événement* : issue, résultat.

Dépendrait maintenant l'honneur du nom romain.
La prudence des dieux autrement en dispose ;
980 Sur leur ordre éternel mon esprit se repose[1] :
Il s'arme en ce besoin[2] de générosité,
Et du bonheur public fait sa félicité.
Tâchez d'en faire autant pour soulager vos peines,
Et songez toutes deux que vous êtes Romaines :
985 Vous l'êtes devenue, et vous[3] l'êtes encor ;
Un si glorieux titre est un digne trésor.
Un jour, un jour viendra que par toute la terre
Rome se fera craindre à l'égal du tonnerre,
Et que, tout l'univers tremblant dessous[4] ses lois,
990 Ce grand nom deviendra l'ambition des rois :
Les dieux à notre Énée[5] ont promis cette gloire.

SCÈNE 6. LE VIEIL HORACE, SABINE, CAMILLE, JULIE.

Le Vieil Horace

Nous venez-vous[6], Julie, apprendre la victoire ?

Julie

Mais plutôt du combat les funestes effets :
Rome est sujette d'Albe, et vos fils sont défaits ;

---

1. *Sur ... se repose* : mon esprit s'en remet à leurs desseins éternels.
2. *Besoin* : péril.
3. *Vous ... vous* : le Vieil Horace se tourne successivement vers Sabine puis vers Camille.
4. *Dessous* : sous.
5. *Énée* : allusion à l'*Énéide* de Virgile, et notamment au chant VI, vers 756-853. Énée, qui est descendu aux Enfers, retrouve quelques instants son père. Celui-ci prophétise devant lui la grandeur future de Rome.
6. *Nous venez-vous...* : venez-vous nous...

995 Des trois les deux[1] sont morts, son époux[2] seul vous reste.

LE VIEIL HORACE

Ô d'un triste combat effet vraiment funeste !
Rome est sujette d'Albe, et pour l'en garantir
Il n'a pas employé jusqu'au dernier soupir !
Non, non, cela n'est point, on vous trompe, Julie ;
1000 Rome n'est point sujette, ou mon fils est sans vie :
Je connais mieux mon sang ; il sait mieux son devoir.

JULIE

Mille, de nos remparts, comme moi l'ont pu voir.
Il s'est fait admirer tant qu'ont duré[3] ses frères ;
Mais, comme[4] il s'est vu seul contre trois adversaires,
1005 Près d'être enfermé d'eux[5], sa fuite l'a sauvé.

LE VIEIL HORACE

Et nos soldats trahis ne l'ont point achevé ?
Dans leurs rangs à ce lâche ils ont donné retraite[6] ?

JULIE

Je n'ai rien voulu voir après cette défaite.

CAMILLE

Ô mes frères !

LE VIEIL HORACE

Tout beau[7], ne les pleurez pas tous ;
1010 Deux jouissent d'un sort dont leur père est jaloux.
Que des plus nobles fleurs leur tombe soit couverte ;
La gloire de leur mort m'a payé de leur perte :
Ce bonheur a suivi leur courage invaincu,

---

1. *Des trois les deux* : sur les trois, deux.
2. *Son époux* : Julie désigne Sabine.
3. *Duré* : vécu.
4. *Comme* : quand, lorsque.
5. *Enfermé d'eux* : cerné par eux.
6. *Retraite* : asile, protection.
7. *Tout beau* : halte-là, il suffit ! (style noble).

Qu'ils ont vu[1] Rome libre autant qu'ils ont vécu,
1015 Et ne l'auront point vue obéir qu'à[2] son prince,
Ni d'un État voisin devenir la province.
Pleurez l'autre, pleurez l'irréparable affront
Que sa fuite honteuse imprime à notre front[3] ;
Pleurez le déshonneur de toute notre race,
1020 Et l'opprobre[4] éternel qu'il laisse au nom d'Horace.

JULIE

Que vouliez-vous qu'il fît contre trois ?

LE VIEIL HORACE

                              Qu'il mourût,
Ou qu'un beau désespoir alors le secourût.
N'eût-il que d'un moment reculé sa défaite,
Rome eût été du moins un peu plus tard sujette ;
1025 Il eût avec honneur laissé mes cheveux gris,
Et c'était de sa vie un assez digne prix.
Il est de tout son sang comptable à sa patrie[5] ;
Chaque goutte épargnée[6] a sa gloire flétrie ;
Chaque instant de sa vie, après ce lâche tour[7],
1030 Met d'autant plus ma honte avec la sienne au jour.
J'en romprai bien le cours[8], et ma juste colère,
Contre un indigne fils usant des droits d'un père,
Saura bien faire voir dans sa punition
L'éclatant désaveu d'une telle action.

---

1. *Ce bonheur ... qu'ils ont vu* : ce bonheur consistant à voir (construction assez lâche).
2. *Qu'à* : à un autre qu'à.
3. *Imprime à notre front* : métaphore évoquant la marque qu'on imprimait au fer rouge au front de certains esclaves.
4. *L'opprobre* : la honte.
5. *Il est ... patrie* : il doit compte de son sang à sa patrie.
6. *Chaque goutte épargnée* : l'économie de chaque goutte (tournure latine).
7. *Tour* : conduite, attitude.
8. *J'en romprai bien le cours* : je mettrai un terme à sa vie.

SABINE

1035 Écoutez un peu moins ces ardeurs généreuses,
Et ne nous rendez point tout à fait malheureuses.

LE VIEIL HORACE

Sabine, votre cœur se console aisément ;
Nos malheurs jusqu'ici vous touchent faiblement.
Vous n'avez point encor de part à nos misères :
1040 Le ciel vous a sauvé votre époux et vos frères ;
Si nous sommes sujets, c'est de votre pays ;
Vos frères sont vainqueurs quand nous sommes trahis ;
Et, voyant le haut point où leur gloire se monte,
Vous regardez fort peu ce qui nous vient de honte.
1045 Mais votre trop d'amour[1] pour cet infâme[2] époux
Vous donnera bientôt à plaindre[3] comme à nous.
Vos pleurs en sa faveur sont de faibles défenses :
J'atteste des grands dieux les suprêmes puissances
Qu'avant ce jour fini[4], ces mains, ces propres mains
1050 Laveront dans son sang la honte des Romains.

SABINE

Suivons-le promptement, la colère l'emporte.
Dieux ! verrons-nous toujours des malheurs de la sorte ?
Nous faudra-t-il toujours en craindre de plus grands,
Et toujours redouter la main de nos parents ?

---

1. *Votre trop d'amour* : votre excès d'amour.
2. *Infâme* : déshonoré (sens étymologique).
3. *À plaindre* : des raisons de vous plaindre.
4. *Avant ce jour fini* : avant la fin de ce jour (latinisme).

Acte III   Scènes 5 et 6

L'ÉVOLUTION DE L'ACTION

1. « Comme l'arrivée du Vieil Horace rend la vie au théâtre qui languissait ! Quel moment et quelle noble simplicité ! » Partagez-vous cet enthousiasme de Voltaire pour l'entrée en scène du père d'Horace à la scène 5 ? Pourquoi ?

2. Étudiez les procédés qui font contraster l'enthousiasme du Vieil Horace (fin de la scène 5) et l'annonce de la défaite (v. 995).

3. Julie ferait-elle un bon « reporter » ? Commentez sa présentation du résultat, puis du déroulement du combat (v. 993-995, 1002-1005 et 1008).

4. Quel est le rôle des interventions féminines des vers 1009, 1021 et 1035-1036 ?

5. Citez les vers de la scène 6 qui ménagent la possibilité d'un rebondissement ultérieur ?

6. Quel est l'effet de l'invocation aux dieux sur laquelle se clôt l'acte ?

SABINE ET SON BEAU-PÈRE

1. Comparez les vers 932-950 aux paroles prononcées par Sabine au lever du rideau (v. 1-14). En quel sens le personnage a-t-il évolué ? Pourquoi, selon vous ?

2. Si vous étiez metteur en scène, demanderiez-vous à l'actrice de prononcer les vers 945-950 sur un ton : respectueux, ironique ou sarcastique ? Pourquoi ?

3. Vers 1035-1036 : pourquoi Sabine intervient-elle à ce moment, et seulement à celui-ci ?

4. Pourquoi la colère du Vieil Horace redouble-t-elle après cette intervention de Sabine ?

5. Comparez la morale féminine défendue par Sabine et le patriotisme du Vieil Horace. Pourquoi ces deux idéaux sont-ils incompatibles ? Que révèlent-ils du rôle des hommes et des femmes dans la pièce ?

Ensemble de l'acte III

L'ACTION

1. Représentez, sous forme d'un graphique, l'alternance des moments d'inquiétude et de soulagement à l'acte III.

2. Décrivez l'accélération du mouvement de cet acte qui, d'abord statique, se termine sur la sortie précipitée de Sabine, Camille et Julie, lancées à la poursuite du Vieil Horace.

3. Au plan dramatique, on adresse deux reproches principaux à cet acte :
a) certaines scènes seraient inutiles à l'action (sc. 1, 3 et 4) ;
b) la présence du Vieil Horace en scène (c'est-à-dire chez lui) au moment du combat ne serait pas vraisemblable. Quel est votre avis à l'égard de ces deux reproches ? Pourquoi ?

4. À la fin de l'acte III, dans quelle direction semble se diriger l'action ?

LES VALEURS INCARNÉES PAR LE VIEIL HORACE

1. Comparez l'image que Corneille donne du Vieil Horace à l'acte précédent et celle qu'il nous présente à l'acte III.

2. Aux vers 1009-1020, le Vieil Horace réagit-il surtout en patriote déçu ou en père outragé ? Justifiez votre réponse.

3. En vous appuyant notamment — mais non exclusivement — sur les vers 951-991, démontrez que la force d'âme du Vieil Horace vient : de sa volonté de hiérarchiser ses sentiments, de son orgueil familial, de son patriotisme sans faille, d'un certain fatalisme et de la soumission à l'intérêt général. Citez le texte.

4. De la famille, de la patrie, de l'honneur, quelle vous paraît être la valeur suprême pour ce personnage ? Pourquoi ?

Acte IV

SCÈNE PREMIÈRE.   LE VIEIL HORACE, CAMILLE.

LE VIEIL HORACE

1055 Ne me parlez jamais en faveur d'un infâme ;
Qu'il me fuie à l'égal des frères[1] de sa femme :
Pour conserver un sang qu'il tient[2] si précieux,
Il n'a rien fait encor s'il n'évite mes yeux,
Sabine y peut mettre ordre, ou derechef j'atteste[3]
1060 Le souverain pouvoir de la troupe céleste[4]...

CAMILLE

Ah ! mon père, prenez un plus doux sentiment ;
Vous verrez Rome même en user autrement
Et de quelque malheur que le ciel l'ait comblée,
Excuser[5] la vertu sous le nombre accablée.

LE VIEIL HORACE

1065 Le jugement de Rome est peu pour mon regard[6],
Camille ; je suis père, et j'ai mes droits à part.
Je sais trop comme agit la vertu véritable :
C'est sans en triompher que le nombre l'accable ;
Et sa mâle vigueur, toujours en même point[7],
1070 Succombe sous la force, et ne lui cède point.
Taisez-vous, et sachons ce que nous veut Valère.

---

1. *À l'égal des frères* : comme il a fui les frères.
2. *Tient* : estime.
3. *Derechef j'atteste* : je prends à nouveau à témoins.
4. *La troupe céleste* : les dieux (périphrase).
5. *Excuser* : dépend de « vous verrez Rome ».
6. *Est peu pour mon regard* : compte peu à mes yeux.
7. *En même point* : au même niveau.

SCÈNE 2. LE VIEIL HORACE, VALÈRE, CAMILLE.

VALÈRE

Envoyé par le roi pour consoler un père,
Et pour lui témoigner...

LE VIEIL HORACE

N'en prenez aucun soin :
C'est un soulagement dont je n'ai pas besoin ;
1075 Et j'aime mieux voir morts que couverts d'infamie
Ceux que vient de m'ôter une main ennemie.
Tous deux pour leur pays sont morts en gens d'honneur ;
Il me suffit.

VALÈRE

Mais l'autre est un rare bonheur ;
De tous les trois chez vous il doit tenir la place.

LE VIEIL HORACE

1080 Que n'a-t-on vu périr en lui le nom d'Horace !

VALÈRE

Seul vous le maltraitez[1] après ce qu'il a fait.

LE VIEIL HORACE

C'est à moi seul aussi de punir son forfait.

VALÈRE

Quel forfait trouvez-vous en sa bonne[2] conduite ?

LE VIEIL HORACE

Quel éclat de vertu trouvez-vous en sa fuite ?

VALÈRE

1085 La fuite est glorieuse en cette occasion.

1. *Maltraitez* : traitez mal, injustement.
2. *Bonne* : vaillante, courageuse.

LE VIEIL HORACE

Vous redoublez ma honte et ma confusion.
Certes, l'exemple est rare et digne de mémoire,
De trouver dans la fuite un chemin à la gloire.

VALÈRE

Quelle confusion, et quelle honte à vous
1090 D'avoir produit un fils qui nous conserve tous,
Qui fait triompher Rome, et lui gagne un empire[1] ?
À quels plus grands honneurs faut-il qu'un père aspire ?

LE VIEIL HORACE

Quels honneurs, quel triomphe, et quel empire enfin,
Lorsqu'Albe sous ses lois range notre destin ?

VALÈRE

1095 Que[2] parlez-vous ici d'Albe et de sa victoire ?
Ignorez-vous encor la moitié de l'histoire ?

LE VIEIL HORACE

Je sais que par sa fuite il a trahi l'État.

VALÈRE

Oui, s'il eût en fuyant terminé le combat ;
Mais on a bientôt vu qu'il ne fuyait qu'en homme
1100 Qui savait ménager[3] l'avantage de Rome.

LE VIEIL HORACE

Quoi, Rome donc triomphe ?

VALÈRE

                    Apprenez, apprenez
La valeur de ce fils qu'à tort vous condamnez.
Resté seul contre trois, mais en cette aventure
Tous trois étant blessés, et lui seul sans blessure,
1105 Trop faible pour eux tous, trop fort pour chacun d'eux,

---

1. *Empire* : suprématie (sur Albe).
2. *Que* : pourquoi.
3. *Ménager* : préparer habilement, construire avec adresse.

Libre mise en scène de M. Tassencourt et T. Maulnier
au Festival de Versailles (1986) du combat d'Horace (Hervé Bellon)
et Curiace (Bernard Lanneau).
Dans le texte de Corneille, conforme aux règles
du théâtre classique, ce combat n'est pas représenté sur scène.

Il sait bien se tirer d'un pas[1] si dangereux.
Il fuit pour mieux combattre, et cette prompte ruse
Divise adroitement trois frères qu'elle abuse.
Chacun le suit d'un pas ou plus ou moins pressé,
1110 Selon qu'il se rencontre[2] ou plus ou moins blessé ;

---

1. *Un pas :* une situation.
2. *Se rencontre :* se trouve être.

Leur ardeur est égale à poursuivre sa fuite ;
Mais leurs coups[1] inégaux séparent leur poursuite[2].
Horace, les voyant l'un de l'autre écartés,
Se retourne, et déjà les croit demi domptés :
1115 Il attend le premier, et c'était votre gendre.
L'autre, tout indigné qu'il ait osé l'attendre,
En vain en l'attaquant fait paraître un grand cœur ;
Le sang qu'il a perdu ralentit sa vigueur.
Albe à son tour commence à craindre un sort contraire ;
1120 Elle crie au second qu'il secoure son frère :
Il se hâte et s'épuise en efforts superflus ;
Il trouve en les joignant[3] que son frère n'est plus.

CAMILLE

Hélas !

VALÈRE

Tout hors d'haleine il prend pourtant sa place,
Et redouble[4] bientôt la victoire d'Horace :
1125 Son courage sans force est un débile[5] appui ;
Voulant venger son frère, il tombe auprès de lui.
L'air résonne des cris qu'au ciel chacun envoie ;
Albe en jette d'angoisse, et les Romains de joie.
Comme notre héros se voit près d'achever[6],
1130 C'est peu pour lui de vaincre, il veut encor braver :
« J'en viens d'immoler[7] deux aux mânes[8] de mes frères ;
Rome aura le dernier de mes trois adversaires.
C'est à ses intérêts que je vais l'immoler »,

---

1. *Leurs coups* : les coups qu'ils ont reçus, leurs blessures.
2. *Séparent leur poursuite* : séparent les poursuivants, mettent une
distance entre eux.
3. *Joignant* : rejoignant.
4. *Redouble* : rend double.
5. *Débile* : physiquement faible.
6. *D'achever* : d'en finir.
7. *J'en viens d'immoler* : je viens d'en sacrifier.
8. *Mânes* : âmes divinisées des morts.

Dit-il ; et tout d'un temps[1] on le voit y voler.
1135 La victoire entre eux deux n'était pas incertaine ;
L'Albain percé de coups ne se traînait qu'à peine[2],
Et, comme une victime aux marches de l'autel,
Il semblait présenter sa gorge au coup mortel :
Aussi le reçoit-il, peu s'en faut, sans défense,
1140 Et son trépas de Rome établit la puissance[3].

Le Vieil Horace

Ô mon fils ! ô l'honneur de nos jours !
Ô d'un État penchant[4] l'inespéré secours !
Vertu digne de Rome, et sang digne d'Horace !
Appui de ton pays, et gloire de ta race !
1145 Quand pourrai-je étouffer dans tes embrassements[5]
L'erreur dont j'ai formé[6] de si faux sentiments ?
Quand pourra mon amour baigner avec tendresse
Ton front victorieux de larmes d'allégresse ?

Valère

Vos caresses bientôt pourront se déployer :
1150 Le roi dans un moment vous le va renvoyer,
Et remet à demain la pompe[7] qu'il prépare
D'un sacrifice aux dieux[8] pour un bonheur si rare ;
Aujourd'hui seulement on s'acquitte vers eux[9]
Par des chants de victoire et par de simples vœux.
1155 C'est où le roi le mène, et tandis[10] il m'envoie
Faire office vers vous[11] de douleur et de joie ;

---

1. *Tout d'un temps* : sur-le-champ.
2. *À peine* : avec peine.
3. *De Rome ... puissance* : établit la puissance de Rome.
4. *Penchant* : chancelant.
5. *Dans tes embrassements* : en te serrant dans mes bras.
6. *L'erreur dont j'ai formé* : l'erreur par la faute de laquelle j'ai conçu.
7. *Pompe* : cérémonie solennelle.
8. *D'un sacrifice aux dieux* : complément du nom « pompe ».
9. *Vers eux* : envers eux.
10. *Tandis* : pendant ce temps.
11. *Faire office vers vous* : m'acquitter envers vous d'un office.

Mais cet office encor n'est pas assez pour lui ;
Il y[1] viendra lui-même, et peut-être aujourd'hui :
Il croit mal reconnaître[2] une vertu si pure,
1160 Si de sa propre bouche il ne vous en assure,
S'il ne vous dit chez vous combien vous doit l'État.

Le Vieil Horace

De tels remerciements ont pour moi trop d'éclat,
Et je me tiens déjà trop payé par les vôtres
Du service d'un fils, et du sang des deux autres.

Valère

1165 Il ne sait ce que c'est d'honorer à demi ;
Et son sceptre arraché des mains de l'ennemi
Fait qu'il tient cet honneur qu'il lui plaît de vous faire
Au-dessous du mérite et du fils et du père.
Je vais lui témoigner quels nobles sentiments
1170 La vertu vous inspire en tous vos mouvements[3],
Et combien vous montrez d'ardeur pour son service.

Le Vieil Horace

Je vous devrai beaucoup pour un si bon office.

---

1. *Y* : chez vous.
2. *Il croit mal reconnaître* : il pense se montrer insuffisamment reconnaissant.
3. *En tous vos mouvements* : en toutes vos réactions.

Acte IV   Scènes 1 et 2

LES ÉVÉNEMENTS

1. Imaginez ce qui s'est passé pendant l'entracte. Pourquoi est-ce Camille, et non plus Sabine qui cherche à calmer le Vieil Horace ?

2. Pour quelles raisons le quiproquo entre Valère et le Vieil Horace peut-il durer aussi longtemps (v. 1072-1100) ? Partageons-nous la surprise du Vieil Horace ?

3. En comparant le récit de Valère (v. 1101-1140) au récit de Tite-Live (voir p. 170), mettez en évidence la fidélité de Corneille à son modèle, mais aussi les améliorations dramatiques qu'il lui a apportées.

LES RÉACTIONS DES PERSONNAGES

1. Quels sont les signes de l'intransigeance du Vieil Horace ?

2. Justifiez la place du « Hélas » de Camille (v. 1123) et commentez-en la force. La tragédienne Rachel avait-elle raison, selon vous, de simuler l'évanouissement en prononçant ce mot ?

3. À quels sentiments attribuer le brusque débordement d'allégresse des vers 1141 à 1148 ? Signalez les procédés qui le mettent en valeur.

4. Les compliments de Valère au Vieil Horace sont-ils uniquement dus à la civilité ? N'y voyez-vous pas une autre explication ? Pourquoi avoir choisi Valère comme messager ?

LA MONARCHIE SELON CORNEILLE

Dans la scène 2, relevez les vers qui décrivent l'exercice du pouvoir royal. Quelle image de la monarchie imposent-ils ?

SCÈNE 3.   LE VIEIL HORACE, CAMILLE.

LE VIEIL HORACE

Ma fille, il n'est plus temps de répandre des pleurs ;
Il sied mal d'en verser où l'on voit tant d'honneurs :
1175 On pleure injustement des pertes domestiques[1],
Quand on en voit sortir des victoires publiques.
Rome triomphe d'Albe, et c'est assez pour nous ;
Tous nos maux à ce prix doivent nous être doux.
En la mort d'un amant vous ne perdez qu'un homme
1180 Dont la perte est aisée à réparer dans Rome ;
Après cette victoire, il n'est point de Romain
Qui ne soit glorieux[2] de vous donner la main[3].
Il me faut à Sabine en porter la nouvelle ;
Ce coup sera sans doute assez rude[4] pour elle,
1185 Et ses trois frères morts[5] par la main d'un époux
Lui donneront des pleurs bien plus justes qu'à vous ;
Mais j'espère aisément en dissiper l'orage,
Et qu'[6]un peu de prudence aidant son grand courage
Fera bientôt régner sur un si noble cœur
1190 Le généreux amour qu'elle doit au vainqueur.
Cependant[7] étouffez cette lâche tristesse ;
Recevez-le, s'il vient, avec moins de faiblesse ;
Faites-vous voir sa sœur, et qu'[8]en un même flanc
Le ciel vous a tous deux formés d'un même sang.

---

1. *Des pertes domestiques* : des pertes familiales (qui sont de la maison).
2. *Qui ne soit glorieux* : qui ne tire gloire.
3. *De vous donner la main* : de vous épouser.
4. *Assez rude* : bien rude.
5. *Ses trois frères morts* : la mort de ses trois frères (latinisme).
6. *Et que* : dépend de « j'espère », au vers précédent.
7. *Cependant* : pendant ce temps.
8. *Et que* : dépend de « faites … voir ».

SCÈNE 4. CAMILLE.

1195 Oui, je lui ferai voir, par d'infaillibles marques[1],
     Qu'un véritable amour brave la main des Parques[2],
     Et ne prend point de lois de ces cruels tyrans
     Qu'un astre injurieux[3] nous donne pour parents.
     Tu blâmes ma douleur, tu l'oses nommer lâche ;
1200 Je l'aime d'autant plus que plus elle te fâche[4],
     Impitoyable père, et par un juste effort
     Je la veux rendre égale aux rigueurs de mon sort.
     En vit-on jamais un dont les rudes traverses
     Prissent en moins de rien tant de faces diverses,
1205 Qui fût doux tant de fois, et tant de fois cruel,
     Et portât tant de coups avant le coup mortel ?
     Vit-on jamais une âme en un jour plus atteinte
     De joie et de douleur, d'espérance et de crainte,
     Asservie en esclave à plus d'événements,
1210 Et le piteux[5] jouet de plus de changements ?
     Un oracle m'assure[6], un songe me travaille[7] ;
     La paix calme l'effroi que me fait la bataille ;
     Mon hymen se prépare, et presque en un moment
     Pour combattre mon frère on choisit mon amant ;
1215 Ce choix me désespère, et tous le désavouent ;
     La partie est rompue[8], et les dieux la renouent ;
     Rome semble vaincue, et seul des trois Albains
     Curiace en mon sang n'a point trempé ses mains.

---

1. *Infaillibles marques* : preuves incontestables.
2. *Parques* : déesses infernales qui filaient, dévidaient et coupaient le fil de la vie des hommes ; les trois Parques sont une allégorie de la mort.
3. *Astre injurieux* : sort injuste (image précieuse).
4. *Fâche* : indigne, scandalise (sens fort).
5. *Piteux* : pitoyable, digne de pitié.
6. *M'assure* : me rassure.
7. *Travaille* : tourmente.
8. *La partie est rompue* : le projet est abandonné.

110

Ô dieux ! sentais-je alors des douleurs trop légères
1220 Pour le malheur de Rome et la mort de deux frères,
Et me flattais-je trop quand je croyais pouvoir
L'aimer encor sans crime et nourrir quelque espoir ?
Sa mort m'en punit bien, et la façon cruelle
Dont mon âme éperdue en reçoit la nouvelle :
1225 Son rival[1] me l'apprend, et, faisant à mes yeux
D'un si triste succès le récit odieux,
Il porte sur le front une allégresse ouverte,
Que le bonheur public fait[2] bien moins que ma perte[3] ;
Et bâtissant en l'air sur le malheur d'autrui[4],
1230 Aussi bien que mon frère il triomphe de lui[5].
Mais ce n'est rien encore au prix de[6] ce qui reste :
On demande ma joie en un jour si funeste ;
Il me faut applaudir aux exploits du vainqueur,
Et baiser une main qui me perce le cœur.
1235 En un sujet de pleurs si grand, si légitime,
Se plaindre est une honte, et soupirer un crime ;
Leur brutale vertu veut qu'on s'estime heureux,
Et si l'on n'est barbare, on n'est point généreux.
Dégénérons, mon cœur, d'un si vertueux père[7] ;
1240 Soyons indigne sœur d'un si généreux frère :
C'est gloire de passer pour un cœur abattu,
Quand la brutalité fait la haute vertu.
Éclatez, mes douleurs : à quoi bon vous contraindre ?
Quand on a tout perdu, que saurait-on plus[8] craindre ?
1245 Pour ce cruel vainqueur n'ayez point de respect ;

Elle va insulter son frère.

1. *Son rival :* Valère.
2. *Fait :* cause.
3. *Ma perte :* la perte que je subis (la mort de mon fiancé).
4. *Bâtissant ... autrui :* tirant des motifs d'espoir illusoires du malheur d'autrui.
5. *De lui :* de Curiace.
6. *Au prix de :* en comparaison de.
7. *Dégénérons ... père :* abandonnons ... les vertus de mon père.
8. *Plus :* encore, désormais.

111

Loin d'éviter ses yeux, croissez à son aspect[1] ;
Offensez sa victoire, irritez sa colère,
Et prenez, s'il se peut, plaisir à lui déplaire.
Il vient : préparons-nous à montrer constamment[2]
1250 Ce que doit une amante à la mort d'un amant.

SCÈNE 5. HORACE, CAMILLE, PROCULE.
(Procule porte en sa main les trois épées des Curiaces.)

HORACE

Ma sœur, voici le bras qui venge nos deux frères,
Le bras qui rompt le cours de nos destins contraires,
Qui nous rend maîtres d'Albe ; enfin voici le bras
Qui seul fait aujourd'hui le sort de deux États ;
1255 Vois ces marques d'honneur[3], ces témoins de ma gloire,
Et rends ce que tu dois à l'heur de ma victoire.

CAMILLE

Recevez donc mes pleurs, c'est ce que je lui dois.

HORACE

Rome n'en veut point voir après de tels exploits,
Et nos deux frères morts dans le malheur des armes
1260 Sont trop payés de sang[4] pour exiger des larmes :
Quand la perte est vengée, on n'a plus rien perdu.

CAMILLE

Puisqu'ils sont satisfaits par le sang épandu[5],

---

1. *À son aspect* : à sa vue, en sa présence.
2. *Constamment* : avec une grande fermeté.
3. *Ces marques d'honneur* : il montre les épées des Curiaces (ses trophées) que porte Procule.
4. *Payés de sang* : vengés par le sang.
5. *Épandu* : répandu.

Je cesserai pour eux de paraître affligée,
Et j'oublierai leur mort que vous avez vengée ;
1265 Mais qui me vengera de celle d'un amant,
Pour me faire oublier sa perte en un moment ?

HORACE

Que dis-tu, malheureuse ?

CAMILLE

Ô mon cher Curiace !

HORACE

Ô d'une indigne sœur insupportable audace !
D'un ennemi public dont je reviens vainqueur
1270 Le nom est dans ta bouche et l'amour dans ton cœur !
Ton ardeur criminelle à la vengeance aspire !
Ta bouche la demande, et ton cœur la respire[1] !
Suis moins ta passion, règle mieux tes désirs,
Ne me fais plus rougir d'entendre tes soupirs ;
1275 Tes flammes désormais doivent être étouffées ;
Bannis-les de ton âme, et songe à mes trophées :
Qu'ils soient dorénavant ton unique entretien[2].

CAMILLE

Donne-moi donc, barbare, un cœur comme le tien ;
Et si tu veux enfin que je t'ouvre mon âme,
1280 Rends-moi mon Curiace, ou laisse agir ma flamme :
Ma joie et mes douleurs dépendaient de son sort ;
Je l'adorais vivant, et je le pleure mort.
Ne cherche plus ta sœur où tu l'avais laissée ;
Tu ne revois en moi qu'une amante offensée,
1285 Qui, comme une furie[3], attachée à tes pas,

---

1. *La respire* : la désire passionnément.
2. *Entretien* : sujet de pensée et de conversation.
3. *Furie* : les trois Furies étaient des déesses mythologiques qui poursuivaient les criminels pour les châtier ; on voit parfois en elles une allégorie du remords.

Te veut incessamment[1] reprocher son trépas.
Tigre altéré de sang, qui me défends les larmes,
Qui veux que dans sa mort je trouve encor des charmes,
Et que, jusques au ciel élevant tes exploits[2],
1290 Moi-même je le tue une seconde fois !
Puissent tant de malheurs accompagner ta vie
Que tu tombes au point de me porter envie ;
Et toi, bientôt souiller[3] par quelque lâcheté
Cette gloire si chère à ta brutalité !

HORACE

1295 Ô ciel ! qui vit jamais une pareille rage !
Crois-tu donc que je sois insensible à l'outrage,
Que je souffre en mon sang ce mortel déshonneur ?
Aime, aime cette mort qui fait notre bonheur,
Et préfère du moins au souvenir d'un homme
1300 Ce que doit ta naissance aux intérêts de Rome.

CAMILLE

Rome, l'unique objet de mon ressentiment !
Rome, à qui vient ton bras d'immoler mon amant !
Rome qui t'a vu naître, et que ton cœur adore !
Rome enfin que je hais parce qu'elle t'honore !
1305 Puissent tous ses voisins ensemble conjurés[4]
Saper ses fondements encor mal assurés !
Et si ce n'est assez de toute l'Italie,
Que l'Orient contre elle à l'Occident s'allie ;
Que cent peuples unis des bouts de l'univers
1310 Passent pour la détruire et les monts et les mers !
Qu'elle-même sur soi[5] renverse ses murailles,
Et de ses propres mains déchire ses entrailles !

---

1. *Incessamment :* sans cesse.
2. *Jusques ... exploits :* portant aux nues tes exploits, les célébrant.
3. *Souiller :* (puisses-tu) souiller.
4. *Conjurés :* coalisés.
5. *Sur soi :* sur elle ; soi peut encore renvoyer, au XVIIᵉ siècle, à un sujet déterminé.

114

Horace (Grégoire Ingold) et Camille (Muriel Piquart).
Mise en scène de Brigitte Jaques,
Théâtre national de Chaillot, 1989.

Que le courroux du ciel allumé par mes vœux
Fasse pleuvoir sur elle un déluge de feux !
1315 Puissé-je de mes yeux y voir tomber ce foudre,
Voir ses maisons en cendre, et tes lauriers en poudre[1],

---

1. *En poudre* : en poussière.

Voir le dernier Romain à son dernier soupir,
Moi seule en être cause, et mourir de plaisir !

> HORACE, *mettant la main à l'épée,*
> *et poursuivant sa sœur qui s'enfuit.*

C'est trop, ma patience à la raison fait place ;
1320 Va dedans les enfers plaindre ton Curiace.

> CAMILLE, *blessée derrière le théâtre[1].*

Ah ! traître !

Représentation sur scène du meurtre de Camille (M. Klein)
par Horace (H. Bellon),
en présence du Vieil Horace (M. Etcheverry).
Libre mise en scène de M. Tessancourt et T. Maulnier,
au Festival de Versailles (palais du Grand Trianon), 1986.

---

1. Le meurtre de Camille se passe en coulisses, et non sur scène,
conformément à la règle des bienséances (voir p. 192).

Horace (Grégoire Ingold). Mise en scène de Brigitte Jaques.
Théâtre national de Chaillot, 1989.

HORACE, *revenant sur le théâtre.*
Ainsi reçoive un châtiment soudain
Quiconque ose pleurer un ennemi romain !

SCÈNE 6. HORACE, PROCULE.

PROCULE
Que venez-vous de faire ?

HORACE
Un acte de justice :
Un semblable forfait vaut un pareil supplice[1].

---

1. *Supplice :* exécution.

PROCULE

1325 Vous deviez[1] la traiter avec moins de rigueur.

HORACE

Ne me dis point qu'elle est et mon sang[2] et ma sœur.
Mon père ne peut plus l'avouer[3] pour sa fille ;
Qui maudit son pays renonce à sa famille ;
Des noms si pleins d'amour ne lui sont plus permis ;
1330 De ses plus chers parents il fait ses ennemis :
Le sang même les arme en haine de son crime.
La plus prompte vengeance en est plus légitime[4] :
Et ce souhait impie encore qu'impuissant,
Est un monstre qu'il faut étouffer en naissant[5].

SCÈNE 7. HORACE, SABINE, PROCULE.

SABINE

1335 À quoi s'arrête ici ton illustre[6] colère ?
Viens voir mourir ta sœur dans les bras de ton père ;
Viens repaître tes yeux d'un spectacle si doux :
Ou, si tu n'es point las de ces généreux coups,
Immole au cher pays des vertueux Horaces
1340 Ce reste malheureux du sang des Curiaces.
Si prodigue du tien, n'épargne pas le leur ;
Joins Sabine à Camille, et ta femme à ta sœur ;

---

1. *Vous deviez* : vous auriez dû.
2. *Mon sang* : membre de la même famille que moi (« ma sœur »
constitue une gradation et une précision par rapport à « mon sang »).
3. *L'avouer* : la reconnaître.
4. *Plus légitime* : la plus légitime (comparatif au lieu du superlatif).
5. *En naissant* : lorsqu'il naît ; cet emploi du gérondif serait aujourd'hui
incorrect, son sujet étant différent du sujet du verbe principal.
6. *Illustre* : éclatante, manifeste.

Nos crimes sont pareils, ainsi que nos misères ;
Je soupire comme elle et déplore[1] mes frères :
1345 Plus coupable en ce point contre tes dures lois,
Qu'elle n'en pleurait qu'un, et que j'en pleure trois,
Qu'après son châtiment ma faute continue.

HORACE

Sèche tes pleurs, Sabine, ou les cache à ma vue.
Rends-toi digne du nom de ma chaste moitié,
1350 Et ne m'accable point d'une indigne pitié.
Si l'absolu pouvoir d'une pudique flamme
Ne nous laisse à tous deux qu'un penser[2] et qu'une âme,
C'est à toi d'élever tes sentiments aux miens,
Non à moi de descendre à la honte des tiens.
1355 Je t'aime, et je connais la douleur qui te presse[3],
Embrasse ma vertu pour vaincre ta faiblesse,
Participe à ma gloire au lieu de la souiller.
Tâche à t'en revêtir, non à[4] m'en dépouiller.
Es-tu de mon honneur si mortelle ennemie,
1360 Que je te plaise mieux couvert d'une infamie ?
Sois plus femme que sœur, et, te réglant sur moi,
Fais-toi de mon exemple une immuable loi.

SABINE

Cherche pour t'imiter des âmes plus parfaites.
Je ne t'impute point les pertes que j'ai faites,
1365 J'en ai les sentiments que je dois en avoir[5],
Et je m'en prends au sort plutôt qu'à ton devoir ;
Mais enfin je renonce à la vertu romaine,
Si pour la posséder je dois être inhumaine ;
Et ne puis voir en moi la femme du vainqueur

---

1. *Déplore* : pleure.
2. *Qu'un penser* : qu'une seule pensée.
3. *Presse* : accable.
4. *Tâche à ... , non à ...* : tâche de ... , non de ...
5. *En avoir* : avoir à ce sujet.

1370 Sans y voir des vaincus la déplorable[1] sœur.
Prenons part en public aux victoires publiques,
Pleurons dans la maison nos malheurs domestiques,
Et ne regardons point des biens communs à tous,
Quand nous voyons des maux qui ne sont que pour nous.
1375 Pourquoi veux-tu, cruel, agir d'une autre sorte ?
Laisse en entrant ici tes lauriers à la porte ;
Mêle tes pleurs aux miens. Quoi ? ces lâches discours
N'arment point ta vertu contre mes tristes jours ?
Mon crime redoublé[2] n'émeut point ta colère ?
1380 Que Camille est heureuse ! elle a pu te déplaire ;
Elle a reçu de toi ce qu'elle a prétendu[3]
Et recouvre là-bas[4] tout ce qu'elle a perdu.
Cher époux, cher auteur du tourment qui me presse,
Écoute la pitié, si ta colère cesse ;
1385 Exerce l'une ou l'autre, après de tels malheurs,
À punir[5] ma faiblesse ou finir mes douleurs :
Je demande la mort pour grâce, ou pour supplice ;
Qu'elle soit un effet d'amour ou de justice,
N'importe : tous ses traits n'auront rien que de doux,
1390 Si je les vois partir de la main d'un époux.

HORACE

Quelle injustice aux[6] dieux d'abandonner aux femmes
Un empire si grand sur les plus belles âmes,
Et de se plaire à voir de si faibles vainqueurs
Régner si puissamment sur les plus nobles cœurs !
1395 À quel point ma vertu devient-elle réduite !
Rien ne la saurait plus garantir[7] que[8] la fuite.

---

1. *Déplorable* : digne de pitié.
2. *Mon crime redoublé* : le redoublement de ma faute.
3. *Ce qu'elle a prétendu* : ce qu'elle a réclamé.
4. *Là-bas* : aux Enfers, au royaume des morts (euphémisme).
5. *À punir* : pour, en vue de punir.
6. *Aux* : de la part de.
7. *Garantir* : protéger, sauver.
8. *Que* : sauf, sinon.

Adieu : ne me suis point, ou retiens tes soupirs.

SABINE, seule.

Ô colère, ô pitié, sourdes à mes désirs,
Vous négligez mon crime, et ma douleur vous lasse,
1400 Et je n'obtiens de vous ni supplice ni grâce !
Allons-y par nos pleurs faire encor un effort[1],
Et n'employons après que nous à notre mort.

---

1. *Allons-y ... effort* : allons, par nos pleurs, faire un dernier effort en
ce sens (emploi très libre de *y*).

121

Acte IV   Scènes 3 à 7

CAMILLE FACE À SON PÈRE

1. Quels sont les divers arguments du Vieil Horace pour consoler Camille (sc. 3) ? Quel est leur « dénominateur commun » ? Pourquoi sont-ils condamnés à échouer ? Citez quelques maladresses psychologiques flagrantes.

2. « Voici une autre pièce qui commence », écrit Voltaire à propos de la scène 3. Est-ce votre avis ? Pourquoi ?

3. Contre qui et contre quoi Camille se révolte-t-elle exactement à la scène 4 ? Dégagez l'importance dramatique de cette scène : quelle est désormais la suite inévitable de l'action ?

CAMILLE FACE À SON FRÈRE

1. À quoi voit-on que l'échange des vers 1251-1267 est un véritable dialogue de sourds ? Pourquoi en est-il ainsi ?

2. Pourquoi la réplique d'Horace aux vers 1268-1277 constitue-t-elle un ultimatum ? Camille peut-elle l'accepter ?

3. Relevez et commentez, dans les vers 1278-1300, les expressions révélant que la rupture est désormais consommée entre le frère et la sœur, et que la dispute prend un tour dangereux.

4. Pourquoi Camille éclate-t-elle brutalement en imprécations au seul nom de Rome ? Que symbolise ce mot pour chacun des deux interlocuteurs (1301-1318) ?

5. En vous fondant sur une étude stylistique rigoureuse, dites si Camille provoque son frère froidement ou si elle se laisse aller à une sorte de délire prophétique (mêmes vers). Aidez-vous du Petit Dictionnaire (p. 191). Vous pourrez également confronter les jugements très différents portés sur Camille par les critiques (voir p. 185).

6. Camille vous paraît-elle être le porte-parole des droits des femmes et de la tendresse, qui s'opposent à l'écrasement de l'individu par la guerre, l'État et l'Histoire ? Justifiez votre réponse en citant le texte.

Ensemble de l'acte IV

LA STRUCTURE DE L'ACTE

1. Quels sont les deux faits dramatiques importants de cet acte ? Citez le texte.

2. Après le sommet dramatique de la scène 5 (meurtre de Camille), la scène 7 constitue un indiscutable fléchissement. En quoi, cependant, enrichit-elle et nuance-t-elle le caractère du héros cornélien ? Par ailleurs, comment, à la fin de la scène, Corneille tente-t-il de maintenir l'intérêt dramatique ?

HORACE OU LE HÉROS CORNÉLIEN

À l'acte IV, nous voyons Horace mettre en pratique les principes qu'il avait exposés à l'acte II.
a) À ce stade de la pièce, brossez le portrait du héros cornélien, dont Horace est le type parfait (presque la caricature).
b) Pensez-vous qu'un héros cornélien doive nécessairement faire taire ses sentiments dans la recherche de la « gloire » ? Comparez Horace à d'autres héros de Corneille, si vous en connaissez.

LE MEURTRE DE CAMILLE

1. Le meurtre de Camille, point culminant de cet acte, a beaucoup été critiqué, tant au nom des « bienséances » (voir p. 192) qu'au nom de la psychologie.
a) Quelles précautions Corneille a-t-il prises pour respecter la lettre — sinon l'esprit — de la règle des bienséances ?
b) Le meurtre de Camille est-il un « accident » ou est-il la suite logique de l'élimination des ennemis de Rome ?

2. Peut-on dire de Camille qu'elle est une héroïne du « tout ou rien » ? Pourquoi ? Comparez-la aux autres personnages de la pièce. De qui est-elle la plus proche ?

Étude pour le portrait de Camille
du *Serment des Horaces*. David (1748-1825).
Paris, collection Moussali.

Acte V

SCÈNE PREMIÈRE. LE VIEIL HORACE, HORACE.

LE VIEIL HORACE

Retirons nos regards de cet objet funeste[1],
Pour admirer[2] ici le jugement céleste :
1405 Quand la gloire nous enfle[3], il sait bien comme il faut
Confondre[4] notre orgueil qui s'élève trop haut.
Nos plaisirs les plus doux ne vont point sans tristesse ;
Il mêle à nos vertus des marques de faiblesse
Et rarement accorde à notre ambition
1410 L'entier et pur honneur d'une bonne action.
Je ne plains point Camille : elle était criminelle ;
Je me tiens plus à plaindre, et je te plains plus qu'elle :
Moi, d'avoir mis au jour un cœur si peu romain ;
Toi, d'avoir par sa mort déshonoré ta main.
1415 Je ne la[5] trouve point injuste ni trop prompte ;
Mais tu pouvais, mon fils, t'en épargner la honte :
Son crime, quoique énorme[6] et digne du trépas,
Était mieux impuni que puni par ton bras.

HORACE

Disposez de mon sang, les lois vous en font maître ;
1420 J'ai cru devoir le sien aux lieux qui m'ont vu naître.

---

1. *Objet funeste* : il s'agit du corps de Camille, qui gît dans la pièce voisine (en coulisse). Ces mots sont prononcés par l'acteur au moment où il rentre en scène.
2. *Admirer* : considérer avec étonnement et respect.
3. *Nous enfle* : nous gonfle d'orgueil.
4. *Confondre* : rabaisser, humilier.
5. *La* : ta main.
6. *Énorme* : démesuré, monstrueux.

Si dans vos sentiments[1] mon zèle est criminel,
S'il m'en faut recevoir un reproche éternel,
Si ma main en devient honteuse et profanée,
Vous pouvez d'un seul mot trancher ma destinée.
1425 Reprenez tout ce sang de qui[2] ma lâcheté
A si brutalement souillé la pureté.
Ma main n'a pu souffrir de crime en votre race ;
Ne souffrez point de tache en la maison d'Horace.
C'est en ces actions dont l'honneur est blessé
1430 Qu'un père tel que vous se montre intéressé[3] :
Son amour doit se taire où toute excuse est nulle ;
Lui-même il y[4] prend part lorsqu'il les dissimule ;
Et de sa propre gloire il fait trop peu de cas,
Quand il ne punit point ce qu'il n'approuve pas.

LE VIEIL HORACE

1435 Il n'use pas toujours d'une rigueur extrême ;
Il épargne ses fils bien souvent pour soi-même ;
Sa vieillesse sur eux aime à se soutenir,
Et ne les punit point, de peur de se punir.
Je te vois d'un autre œil que tu ne te regardes ;
1440 Je sais... Mais le roi vient, je vois entrer ses gardes.

SCÈNE 2. TULLE, VALÈRE, LE VIEIL HORACE, HORACE, TROUPE DE GARDES.

LE VIEIL HORACE

Ah ! sire, un tel honneur a trop d'excès pour moi ;
Ce n'est point en ce lieu que je dois voir mon roi :
Permettez qu'à genoux...

---

1. *Dans vos sentiments* : à votre avis.
2. *De qui* : dont.
3. *C'est en ... intéressé* : un père tel que vous assume ses responsabilités dans ces actions qui offensent l'honneur.
4. *Y* : à ces actions déshonorantes (il devient complice).

TULLE

Non, levez-vous, mon père[1] :
Je fais ce qu'en ma place un bon prince doit faire.
1445 Un si rare service et si fort important
Veut l'honneur le plus rare et le plus éclatant.
(Montrant Valère.)
Vous en aviez déjà sa parole[2] pour gage ;
Je ne l'ai pas voulu différer davantage.
J'ai su par son rapport, et je n'en doutais pas,
1450 Comme de vos deux fils vous portez[3] le trépas,
Et que[4] déjà votre âme étant trop résolue,
Ma consolation vous serait superflue :
Mais je viens de savoir quel étrange malheur
D'un fils victorieux a suivi la valeur,
1455 Et que son trop d'amour pour la cause publique
Par ses mains à son père ôte une fille unique.
Ce coup est un peu rude à l'esprit[5] le plus fort,
Et je doute[6] comment vous portez cette mort.

LE VIEIL HORACE

Sire, avec déplaisir, mais avec patience[7].

TULLE

1460 C'est l'effet vertueux de votre expérience.
Beaucoup par un long âge ont appris comme vous
Que le malheur succède au bonheur le plus doux :
Peu savent comme vous s'appliquer ce remède,
Et dans leur intérêt[8] toute leur vertu cède.

---

1. *Mon père* : titre de respect adressé à un homme d'un certain âge.
2. *Sa parole* : un geste désigne Valère.
3. *Portez* : supportez.
4. *Et que* : complément de « j'ai su ».
5. *À l'esprit* : pour l'esprit.
6. *Je doute* : je me demande.
7. *Patience* : fermeté résignée (sens étymologique).
8. *Dans leur intérêt* : quand leur intérêt est en jeu, quand ils sont concernés.

1465 Si vous pouvez trouver dans ma compassion
Quelque soulagement pour votre affliction,
Ainsi que votre mal sachez qu'elle est extrême[1]
Et que je vous en plains autant que je vous aime.

VALÈRE

Sire, puisque le ciel entre les mains des rois
1470 Dépose sa justice et la force des lois,
Et que l'État demande aux princes légitimes
Des prix pour les vertus, des peines pour les crimes,
Souffrez qu'un bon sujet vous fasse souvenir
Que vous plaignez beaucoup ce qu'il vous faut punir.
1475 Souffrez...

LE VIEIL HORACE

Quoi ? Qu'on envoie un vainqueur au supplice ?

TULLE

Permettez qu'il achève, et je ferai justice :
J'aime à la[2] rendre à tous, à toute heure, en tout lieu.
C'est par elle qu'un roi se fait[3] un demi-dieu ;
Et c'est dont[4] je vous plains, qu'après un tel service
1480 On puisse contre lui[5] me demander justice.

VALÈRE

Souffrez donc, ô grand roi, le plus juste des rois,
Que tous les gens de bien vous parlent par ma voix,
Non que nos cœurs jaloux de ses honneurs s'irritent ;
S'il en reçoit beaucoup, ses hauts faits le méritent ;
1485 Ajoutez-y plutôt que d'en diminuer :

---

1. *Ainsi ... extrême* : sachez que ma compassion est aussi grande que le malheur qui vous frappe.
2. *La* : la justice.
3. *Se fait* : devient.
4. *C'est dont* : c'est ce dont.
5. *Contre lui* : contre Horace, désigné du geste.

Nous sommes tous encor prêts d'y[1] contribuer ;
Mais puisque d'un tel crime il s'est montré capable,
Qu'il triomphe en vainqueur et périsse en coupable.
Arrêtez sa fureur, et sauvez de ses mains,
1490 Si vous voulez régner, le reste des Romains :
Il y va de la perte ou du salut du reste.
La guerre avait un cours si sanglant, si funeste,
Et les nœuds de l'hymen, durant nos bons destins,
Ont tant de fois uni des peuples si voisins
1495 Qu'il est peu de Romains que le parti contraire
N'intéresse en la mort d'un gendre ou d'un beau-frère[2],
Et qui ne soient forcés de donner quelques pleurs,
Dans le bonheur public, à leurs propres malheurs.
Si c'est offenser Rome, et que[3] l'heur de ses armes
1500 L'autorise à punir ce crime de nos larmes[4],
Quel sang[5] épargnera ce barbare vainqueur,
Qui ne pardonne pas à celui de sa sœur,
Et ne peut excuser cette douleur pressante
Que la mort d'un amant jette au cœur d'une amante,
1505 Quand, près d'être éclairés[6] du nuptial flambeau,
Elle voit avec lui son espoir au tombeau ?
Faisant triompher Rome, il se l'est asservie ;
Il a sur nous un droit et de mort et de vie ;
Et nos jours criminels ne pourront plus durer
1510 Qu'autant qu'à sa clémence il plaira l'endurer[7].

---

1. *Prêts d'y* : prêts à y.
2. *Que le parti ... d'un beau-frère* : qui ne soient concernés par la mort, dans le camp ennemi, d'un gendre ou d'un beau-frère.
3. *Et que* : et si (« que » reprend une conjonction de subordination précédemment employée).
4. *Ce crime de nos larmes* : ce crime que sont nos larmes.
5. *Quel sang* : complément d'objet direct de « épargnera » (inversion).
6. *Éclairés* : ce pluriel est dû à un accord selon le sens (on considère ensemble les deux fiancés) et non la grammaire (elle).
7. *Qu'autant ... endurer* : qu'autant que sa clémence voudra bien le tolérer.

129

Je pourrais ajouter aux intérêts de Rome
Combien un pareil coup[1] est indigne d'un homme ;
Je pourrais demander qu'on mît devant vos yeux
Ce grand et rare exploit[2] d'un bras victorieux :
1515 Vous verriez un beau sang, pour accuser sa rage,
D'un frère si cruel[3] rejaillir au visage :
Vous verriez des horreurs qu'on ne peut concevoir ;
Son âge et sa beauté[4] vous pourraient émouvoir ;
Mais je hais ces moyens qui sentent l'artifice.
1520 Vous avez à demain remis le sacrifice :
Pensez-vous que les dieux, vengeurs des innocents,
D'une main parricide acceptent de l'encens ?
Sur vous ce sacrilège[5] attirerait sa peine[6],
Ne le considérez qu'en objet de leur haine,
1525 Et croyez avec nous qu'en tous ces trois combats
Le bon destin de Rome a plus fait que son bras,
Puisque ces mêmes dieux, auteurs de sa victoire,
Ont permis qu'aussitôt il en souillât la gloire,
Et qu'un si grand courage, après ce noble effort,
1530 Fût digne en même jour[7] de triomphe et de mort.
Sire, c'est ce qu'il faut que votre arrêt décide.
En ce lieu Rome a vu le premier parricide ;
La suite en est à craindre, et la haine des cieux :
Sauvez-vous de sa main, et redoutez les dieux.

TULLE

1535 Défendez-vous, Horace.

---

1. *Un pareil coup* : un tel acte de cruauté.
2. *Ce grand et rare exploit* : l'accusateur évoque la possibilité de faire apporter devant le juge le cadavre de Camille ; il y a ici à la fois antiphrase (ce meurtre est tout, sauf un exploit) et métonymie (on désigne l'acte, le meurtre, par son résultat, le cadavre).
3. *D'un frère si cruel* : complément du nom « visage » (forte inversion).
4. *Son âge et sa beauté* : il s'agit de Camille.
5. *Ce sacrilège* : cet homme sacrilège.
6. *Sa peine* : le châtiment qu'il mérite.
7. *En même jour* : en un même jour.

HORACE

À quoi bon me défendre ?
Vous savez l'action, vous la venez d'entendre ;
Ce que vous en croyez me doit être une loi.
Sire, on se défend mal[1] contre l'avis d'un roi
Et le plus innocent devient soudain coupable,
1540 Quand aux yeux de son prince il paraît condamnable.
C'est crime qu'envers lui se vouloir excuser :
Notre sang est son bien, il en peut disposer ;
Et c'est à nous de croire, alors qu'il en dispose,
Qu'il ne s'en prive point sans une juste cause.
1545 Sire, prononcez donc, je suis prêt d'obéir[2] ;
D'autres aiment la vie, et je la dois haïr.
Je ne reproche point à l'ardeur de Valère
Qu'en amant de la sœur il accuse le frère :
Mes vœux avec les siens conspirent[3] aujourd'hui ;
1550 Il demande ma mort, je la veux comme lui.
Un seul point entre nous met cette différence,
Que mon honneur par là cherche son assurance[4],
Et qu'à[5] ce même but nous voulons arriver,
Lui pour flétrir ma gloire, et moi pour la sauver.
1555 Sire, c'est rarement qu'il s'offre une matière
À[6] montrer d'un grand cœur la vertu tout entière.
Suivant l'occasion elle agit plus ou moins,
Et paraît forte ou faible aux yeux de ses témoins.
Le peuple, qui voit tout seulement par l'écorce[7],
1560 S'attache à son effet[8] pour juger de sa force ;

---

1. *On se défend mal* : on a tort de se défendre.
2. *Prêt d'obéir* : prêt à obéir.
3. *Conspirent* : s'accordent.
4. *Cherche son assurance* : cherche à se mettre en sécurité.
5. *Que ... et qu'à* : propositions coordonnées expliquant en quoi consiste la différence mentionnée au vers 1551.
6. *Une matière à* : une occasion de.
7. *L'écorce* : la surface, l'apparence extérieure.
8. *Son effet* : son résultat, ce qu'elle produit.

Il veut que ses dehors gardent un même cours,
Qu'ayant fait un miracle[1], elle en fasse toujours.
Après une action pleine, haute, éclatante,
Tout ce qui brille moins remplit mal son attente ;
1565 Il veut qu'on soit égal en tout temps, en tous lieux ;
Il n'examine point si lors on pouvait mieux,
Ni que[2], s'il ne voit pas sans cesse une merveille,
L'occasion est moindre et la vertu pareille :
Son injustice accable et détruit les grands noms ;
1570 L'honneur des premiers faits se perd par les seconds,
Et quand la renommée a passé[3] l'ordinaire,
Si l'on n'en veut déchoir, il faut ne plus rien faire.
Je ne vanterai point les exploits de mon bras ;
Votre Majesté, sire, a vu mes trois combats :
1575 Il est bien malaisé qu'un pareil les seconde[4],
Qu'une autre occasion à celle-ci réponde,
Et que tout mon courage, après de si grands coups[5],
Parvienne à des succès qui n'aillent au-dessous ;
Si bien que, pour laisser une illustre mémoire,
1580 La mort seule aujourd'hui peut conserver ma gloire :
Encor la fallait-il[6] sitôt que j'eus vaincu,
Puisque pour mon honneur j'ai déjà trop vécu,
Un homme tel que moi voit sa gloire ternie,
Quand il tombe en péril de quelque ignominie,
1585 Et sa main aurait su déjà m'en garantir ;
Mais sans votre congé[7] mon sang n'ose sortir :
Comme il vous appartient, votre aveu doit se prendre[8] ;
C'est vous le dérober qu'autrement le répandre.

---

1. *Miracle* : action admirable, merveilleuse (latinisme).
2. *Ni que* : ni si.
3. *A passé* : a dépassé.
4. *Les seconde* : les renouvelle, les suive.
5. *Coups* : exploits, hauts faits.
6. *La fallait-il* : l'aurait-il fallu.
7. *Congé* : autorisation.
8. *Votre aveu doit se prendre* : votre consentement doit être obtenu.

Rome ne manque point de généreux guerriers ;
1590 Assez d'autres sans moi soutiendront vos lauriers ;
Que Votre Majesté désormais m'en dispense ;
Et si ce que j'ai fait vaut quelque récompense,
Permettez, ô grand roi, que de ce bras vainqueur
Je m'immole à ma gloire, et non pas à ma sœur.

SCÈNE 3.   TULLE, VALÈRE, LE VIEIL HORACE,
HORACE, SABINE.

SABINE

1595 Sire, écoutez Sabine, et voyez dans son âme
Les douleurs d'une sœur, et celles d'une femme
Qui, toute désolée[1], à vos sacrés genoux,
Pleure pour sa famille et craint pour son époux.
Ce n'est pas que je veuille avec cet artifice
1600 Dérober un coupable aux bras de la justice :
Quoi qu'il ait fait pour vous, traitez-le comme tel,
Et punissez en moi ce noble criminel ;
De mon sang[2] malheureux expiez tout son crime ;
Vous ne changerez point pour cela de victime :
1605 Ce n'en sera point prendre une injuste pitié,
Mais en sacrifier la plus chère moitié.
Les nœuds de l'hyménée et son amour extrême
Font qu'il vit plus en moi qu'il ne vit en lui-même ;
Et si vous m'accordez de mourir aujourd'hui,
1610 Il mourra plus en moi qu'il ne mourrait en lui ;
La mort que je demande, et qu'il faut que j'obtienne,
Augmentera sa peine et finira la mienne.

---

1. *Désolée* : délaissée, abandonnée.
2. *De mon sang* : au moyen de mon sang.

133

Le Vieil Horace (Michel Etcheverry) et Tulle (Simon Heine).
Mise en scène de M. Tassencourt et T. Maulnier.
Festival de Versailles (palais du Grand Trianon), 1986.

Sire, voyez l'excès de mes tristes ennuis[1],
Et l'effroyable état où mes jours sont réduits.
1615 Quelle horreur d'embrasser un homme dont l'épée
De toute ma famille a la trame coupée[2] !
Et quelle impiété de haïr un époux
Pour avoir[3] bien servi les siens, l'État et vous !
Aimer un bras souillé du sang de tous mes frères !
1620 N'aimer pas un mari qui finit nos misères !
Sire, délivrez-moi par un heureux trépas
Des crimes de l'aimer et de ne l'aimer pas ;
J'en nommerai l'arrêt[4] une faveur bien grande.
Ma main peut me donner ce que je vous demande ;
1625 Mais ce trépas enfin me sera bien plus doux,
Si je puis de sa honte affranchir mon époux ;
Si je puis par mon sang apaiser la colère
Des dieux qu'a pu fâcher sa vertu trop sévère[5],
Satisfaire[6] en mourant aux mânes de sa sœur,
1630 Et conserver à Rome un si bon défenseur.

LE VIEIL HORACE, *au roi.*
Sire, c'est donc à moi de répondre à Valère.
Mes enfants avec lui conspirent contre un père :
Tous trois veulent me perdre et s'arment sans raison
Contre si peu de sang qui reste en ma maison.
(À Sabine.)
1635 Toi, qui, par des douleurs à ton devoir contraires,

---

1. *Tristes ennuis* : atroces tourments (sens très fort).
2. *Couper la trame* : couper le fil (de la vie) [allusion au mythe des Parques] ; sur l'accord de « coupée », voir note 2 p. 94.
3. *De haïr ... pour avoir* : les deux infinitifs, pourtant dans la même proposition, n'ont pas le même sujet (c'est Sabine qui hait et c'est Horace qui sert) ; la langue contemporaine n'est plus aussi souple).
4. *J'en nommerai l'arrêt* : je dirai que cette décision est.
5. *Sévère* : rigoureuse, intransigeante.
6. *Satisfaire à* : accorder réparation à.

Veux quitter un mari pour rejoindre tes frères,
Va plutôt consulter leurs mânes généreux ;
Ils sont morts, mais pour Albe, et s'en tiennent heureux :
Puisque le ciel voulait qu'elle fût asservie,
1640 Si quelque sentiment demeure après la vie,
Ce mal leur semble moindre, et moins rudes ses coups,
Voyant[1] que tout l'honneur en retombe sur nous ;
Tous trois désavoueront la douleur qui te touche,
Les larmes de tes yeux, les soupirs de ta bouche,
1645 L'horreur que tu fais voir d'un mari vertueux.
Sabine, sois leur sœur, suis ton devoir comme eux.
(Au roi.)
Contre ce cher époux Valère en vain s'anime :
Un premier mouvement[2] ne fut jamais un crime ;
Et la louange est due, au lieu du châtiment,
1650 Quand la vertu produit ce premier mouvement.
Aimer nos ennemis avec idolâtrie,
De rage en leur trépas[3] maudire la patrie,
Souhaiter à l'État un malheur infini,
C'est ce qu'on nomme crime, et ce qu'il a puni.
1655 Le seul amour de Rome a sa main animée :
Il serait innocent s'il l'avait moins aimée.
Qu'ai-je dit, sire ? il l'est, et ce bras paternel
L'aurait déjà puni s'il était criminel :
J'aurais su mieux user de l'entière puissance
1660 Que me donnent sur lui les droits de la naissance ;
J'aime trop l'honneur, sire, et ne suis point de rang
À souffrir ni d'affront ni de crime en mon sang.
C'est dont[4] je ne veux point de témoin que[5] Valère :
Il a vu quel accueil lui gardait ma colère,

---

1. *Voyant* : quand ils voient.
2. *Premier mouvement* : élan passionné, acte impulsif.
3. *De rage en leur trépas* : sous l'effet de la rage qu'inspire leur mort.
4. *C'est dont* : c'est ce dont.
5. *Que* : autre que.

1665 Lorsqu'ignorant encor la moitié du combat,
Je croyais que sa fuite avait trahi l'État.
Qui[1] le fait se charger des soins de ma famille ?
Qui le fait, malgré moi, vouloir venger ma fille ?
Et par quelle raison, dans son juste trépas,
1670 Prend-il un intérêt qu'un père ne prend pas ?
On craint qu'après sa sœur il n'en maltraite[2] d'autres !
Sire, nous n'avons part qu'à la honte des nôtres,
Et de quelque façon qu'un autre puisse agir,
Qui ne nous touche point ne nous fait point rougir.
(À Valère)
1675 Tu peux pleurer, Valère, et même aux yeux d'Horace ;
Il ne prend intérêt qu'aux crimes de sa race :
Qui n'est point de son sang ne peut faire d'affront
Aux lauriers immortels qui lui ceignent le front.
Lauriers, sacrés rameaux qu'on veut réduire en poudre,
1680 Vous qui mettez sa tête à couvert de la foudre,
L'abandonnerez-vous à l'infâme couteau
Qui fait choir les méchants sous la main d'un bourreau ?
Romains, souffrirez-vous qu'on vous immole un homme
Sans qui Rome aujourd'hui cesserait d'être Rome,
1685 Et qu'un Romain s'efforce à[3] tacher le renom
D'un guerrier à qui tous doivent un si beau nom ?
Dis, Valère, dis-nous, si tu veux qu'il périsse,
Où tu penses choisir un lieu pour son supplice ?
Sera-ce entre ces murs que mille et mille voix
1690 Font résonner encor du bruit de ses exploits ?
Sera-ce hors des murs, au milieu de ces places
Qu'on voit fumer encor du sang des Curiaces,
Entre leurs trois tombeaux, et dans ce champ d'honneur
Témoin de sa vaillance et de notre bonheur ?

---

1. *Qui* : qu'est-ce qui (neutre).
2. *Maltraiter* : euphémisme pour tuer.
3. *S'efforce à* : s'efforce de.

1695 Tu ne saurais cacher sa peine à sa victoire[1] ;
Dans les murs, hors des murs, tout parle de sa gloire,
Tout s'oppose à l'effort de ton injuste amour,
Qui veut d'un si bon sang souiller un si beau jour.
Albe ne pourra pas souffrir un tel spectacle,
1700 Et Rome par ses pleurs y mettra trop d'obstacle.
    (Au roi.)
Vous les préviendrez, sire ; et par un juste arrêt
Vous saurez embrasser bien mieux son intérêt[2].
Ce qu'il a fait pour elle, il peut encor le faire :
Il peut la garantir encor d'un sort contraire.
1705 Sire, ne donnez rien à mes débiles ans :
Rome aujourd'hui m'a vu père de quatre enfants ;
Trois en ce même jour sont morts pour sa querelle ;
Il m'en reste encor un, conservez-le pour elle :
N'ôtez pas à ces murs un si puissant appui ;
1710 Et souffrez, pour finir, que je m'adresse à lui.
    (À Horace.)
Horace, ne crois pas que le peuple stupide[3]
Soit le maître absolu d'un renom bien solide :
Sa voix tumultueuse assez souvent fait bruit[4],
Mais un moment l'élève, un moment le[5] détruit ;
1715 Et ce qu'il contribue[6] à notre renommée
Toujours en moins de rien se dissipe en fumée.
C'est aux rois, c'est aux grands, c'est aux esprits bien faits,
À voir la vertu pleine en ses moindres effets ;
C'est d'eux seuls qu'on reçoit la véritable gloire :
1720 Eux seuls des vrais héros assurent la mémoire.

---

1. *Tu ne saurais cacher sa peine à sa victoire* : tu ne pourrais trouver, pour son châtiment, de lieux qui n'aient été témoins de sa victoire.
2. *Son intérêt* : l'intérêt de Rome.
3. *Stupide* : sens fort et étymologique (frappé de stupeur, hébété et donc incapable de juger sainement).
4. *Fait bruit* : crée une réputation.
5. *Le* : les pronoms « l' » et « le » désignent « bruit ».
6. *Contribue* : ajoute, apporte.

Vis toujours en Horace[1], et toujours auprès d'eux
Ton nom demeurera grand, illustre, fameux,
Bien que l'occasion, moins haute ou moins brillante,
D'un vulgaire ignorant[2] trompe l'injuste[3] attente.
1725 Ne hais donc plus la vie, et du moins vis pour moi,
Et pour servir encor ton pays et ton roi.
Sire, j'en ai trop dit ; mais l'affaire vous touche ;
Et Rome tout entière a parlé par ma bouche.

VALÈRE

Sire, permettez-moi...

TULLE

Valère, c'est assez :
1730 Vos discours par les leurs ne sont pas effacés ;
J'en garde en mon esprit les forces plus pressantes[4]
Et toutes vos raisons me sont encor présentes.
Cette énorme action faite presque à nos yeux
Outrage la nature et blesse jusqu'aux dieux.
1735 Un premier mouvement qui produit un tel crime
Ne saurait lui servir d'excuse légitime :
Les moins sévères lois en ce point sont d'accord ;
Et si nous les suivons, il est digne de mort.
Si d'ailleurs[5] nous voulons regarder le coupable,
1740 Ce crime quoique grand, énorme, inexcusable,
Vient de la même épée et part du même bras
Qui me fait aujourd'hui maître de deux États.
Deux sceptres en ma main, Albe à Rome asservie,

---

1. *En Horace* : à la manière d'Horace (c'est-à-dire en restant fidèle à
toi-même et à ta gloire) ; voir des expressions comme « parler en
connaisseur », « agir en galant homme ».
2. *D'un vulgaire ignorant* : de la foule ignorante (l'emploi de
« vulgaire », comme substantif, est un latinisme).
3. *Injuste* : injustifiée, déraisonnable.
4. *Les forces plus pressantes* : les arguments les plus frappants
(comparatif au lieu du superlatif relatif).
5. *D'ailleurs* : d'un autre côté, au contraire (sens premier).

Parlent bien hautement en faveur de sa vie :
1745 Sans lui j'obéirais où je donne[1] la loi,
Et je serais sujet où je suis deux fois roi.
Assez de bons sujets dans toutes les provinces
Par des vœux impuissants s'acquittent vers[2] leurs princes ;
Tous les peuvent aimer, mais tous ne peuvent pas
1750 Par d'illustres effets[3] assurer leurs États ;
Et l'art et le pouvoir d'affermir des couronnes
Sont des dons que le ciel fait à peu de personnes.
De pareils serviteurs sont les forces des rois,
Et de pareils aussi sont au-dessus des lois.
1755 Qu'elles se taisent donc ; que Rome dissimule
Ce que dès sa naissance elle vit en Romule[4].
Elle peut bien souffrir en son libérateur
Ce qu'elle a bien souffert en son premier auteur[5].
Vis donc, Horace, vis, guerrier trop magnanime :
1760 Ta vertu met ta gloire au-dessus de ton crime ;
Sa chaleur[6] généreuse a produit ton forfait ;
D'une cause si belle il faut souffrir l'effet.
Vis pour servir l'État ; vis, mais aime Valère.
Qu'il ne reste entre vous ni haine ni colère ;
1765 Et soit qu'il ait suivi l'amour ou le devoir,
Sans aucun sentiment[7] résous-toi de le voir[8].
Sabine, écoutez moins la douleur qui vous presse ;
Chassez de ce grand cœur ces marques de faiblesse :
C'est en séchant vos pleurs que vous vous montrerez
1770 La véritable sœur de ceux que vous pleurez.

1. *Où je donne* : là où je fais.
2. *Vers* : envers.
3. *Illustres effets* : actions éclatantes.
4. *Romule* : forme francisée de Romulus, fondateur légendaire de Rome, meurtrier de son frère Remus.
5. *Auteur* : fondateur.
6. *Chaleur* : ardeur, zèle.
7. *Sentiment* : ressentiment.
8. *De le voir* : à le voir.

Mais nous devons aux dieux demain un sacrifice ;
Et nous aurions le ciel à nos vœux mal propice,
Si nos prêtres, avant que de sacrifier,
Ne trouvaient les moyens de le purifier :
1775 Son père en prendra soin ; il lui sera facile
D'apaiser tout d'un temps les mânes de Camille.
Je la plains ; et pour rendre à son sort rigoureux
Ce que peut souhaiter son esprit amoureux,
Puisqu'en un même jour l'ardeur d'un même zèle
1780 Achève le destin de son amant et d'elle,
Je veux qu'un même jour, témoin de leurs deux morts,
En un même tombeau voie enfermer leurs corps.

141

Ensemble de l'acte V

FORCES ET FAIBLESSES DE L'ACTE V

1. Cet acte a été critiqué sur deux points : avec le procès d'Horace commencerait une nouvelle intrigue et l'unité d'action ne serait donc pas respectée ; d'autre part, ses longs plaidoyers constitueraient un temps faible après le sommet tragique du quatrième acte. Pourtant, Corneille a toujours refusé de le modifier. Approuvez-vous ces deux critiques ou pensez-vous que l'acte V, au contraire, complète de façon indispensable la peinture du héros et définit utilement son rôle dans la société ? Pourquoi ? Peut-on dire qu'Horace a évolué psychologiquement au cours de la pièce ? Si oui, à quel(s) moment(s) ?

2. Dans les premières éditions d'*Horace* (1641-1656), l'acte V comportait une scène supplémentaire qui clôturait la pièce. Julie (entrée en scène à la suite de Sabine) restait seule pour prononcer le monologue suivant :
« Camille, ainsi le ciel t'avait bien avertie
Des tragiques succès qu'il t'avait préparés ;
Mais toujours du secret il cache une partie
Aux esprits les plus nets et les mieux éclairés.
Il semblait nous parler de ton proche hyménée,
Il semblait tout promettre à tes vœux innocents ;
Et nous cachant ainsi ta mort inopinée,
Sa voix n'est que trop vraie en trompant notre sens.
Albe et Rome aujourd'hui prennent une autre face ;
Tes vœux sont exaucés, elles goûtent la paix ;
Et tu vas être unie avec ton Curiace,
Sans qu'aucun mauvais sort t'en sépare jamais. »
Pourquoi Corneille a-t-il supprimé ce monologue ? Pensez-vous que cette suppression constitue une amélioration ? Pourquoi ?

UN MONUMENT D'ÉLOQUENCE JUDICIAIRE

1. Dressez un plan précis du « réquisitoire » de Valère (v. 1481-1534) ; au nom de quels arguments prétend-il faire condamner Horace ? Pouvez-vous signaler, dans la présentation logique et stylistique de ces arguments, quelques subtilités ou artifices qui montrent que ce discours a été rédigé par un avocat ?

2. La plaidoirie du Vieil Horace, avocat de la défense :

a) Au cours de la scène 3, le Vieil Horace prononce-t-il un seul discours suivi ou plusieurs discours successifs ? Citez le texte.

b) Aux vers 1647-1674, comment le vieux père veut-il dissuader le souverain de sévir ? Relevez les marques d'ironie (voir p. 195) et d'indignation vis-à-vis de Valère.

c) Aux vers 1675-1700, quelle est la tactique de l'avocat ?

d) Quel est l'argument essentiel des vers 1701-1710 ?

e) À qui le Vieil Horace s'adresse-t-il à la fin de son discours ? Pourquoi ?

DE LA DIFFICULTÉ D'ÊTRE UN HÉROS

1. Pourquoi Horace garde-t-il le silence tout au long de la scène 3 ? Imaginez et décrivez l'attitude de l'acteur qui l'incarne.

2. Pourquoi est-il, chez Corneille, encore plus difficile de rester un héros que de le devenir (vers 1535-1594) ? Quel est, aux yeux d'Horace, le seul moyen de ne pas déchoir ?

3. Pourquoi la vie proposée par le Vieil Horace et le roi au jeune héros est-elle à la fois acceptable et décevante ?

LA PORTÉE POLITIQUE

1. Relevez les vers qui, à l'acte V, précisent les rapports entre l'individu et l'État. Définissez ces rapports.

2. Montrez que les vers 1469-1480 contiennent une leçon de morale politique. Laquelle ?

3. Au-dessus de son devoir de justice, de quoi le souverain doit-il être le garant et le défenseur (v. 1729-1766) ?

4. Montrez que les vers 1739-1758 contiennent en germe la doctrine de la « raison d'État » et même la justification du « secret d'État ». Quels sont, d'après vous, les dangers d'une telle attitude politique ?

5. Si vous avez étudié *le Cid*, comparez le rôle de Don Fernand au dernier acte et la figure du roi Tulle à l'acte V d'*Horace*.

Examen[1]

C'est une croyance assez générale que cette pièce pourrait passer pour la plus belle des miennes, si les derniers actes répondaient aux premiers. Tous veulent que la mort de Camille en gâte la fin, et j'en demeure d'accord ; mais je ne sais si tous en savent la raison. On l'attribue communément à ce qu'on voit cette mort sur la scène ; ce qui serait plutôt la faute de l'actrice que la mienne[2], parce que, quand elle voit son frère mettre l'épée à la main, la frayeur, si naturelle au sexe, lui doit faire prendre la fuite et recevoir le coup derrière le théâtre[3], comme je le marque dans cette impression[4]. D'ailleurs, si c'est une règle de ne le point ensanglanter, elle n'est pas du temps d'Aristote, qui nous apprend que, pour émouvoir puissamment, il faut de grands déplaisirs, des blessures et des morts en spectacle[5]. Horace ne veut pas que nous y hasardions les événements trop dénaturés, comme de Médée qui tue ses enfants[6] ; mais je ne vois pas qu'il en fasse une règle générale pour toutes sortes de morts, ni que l'emportement d'un homme passionné pour sa patrie, contre une sœur qui la maudit en sa présence avec des imprécations horribles, soit de même nature que la cruauté de cette mère.

---

1. Cet *Examen d'Horace* a été écrit par Corneille en 1660.
2. Lors des premières représentations l'actrice qui jouait Camille voulut se faire tuer sur scène, contrairement aux indications de mise en scène données par Corneille.
3. *Le théâtre :* la scène.
4. *Impression :* édition.
5. Aristote (384-322 av. J.-C.), *la Poétique,* XI.
6. Horace (65-8 av. J.-C.), *l'Art poétique,* v. 185 : « Que Médée n'égorge pas ses enfants en public ».

Sénèque l'expose aux yeux du peuple[1], en dépit d'Horace ; et chez Sophocle Ajax ne se cache point au spectateur lorsqu'il se tue[2]. L'adoucissement que j'apporte dans le second de ces discours pour rectifier la mort de Clytemnestre[3] ne peut être propre ici à celle de Camille. Quand elle s'enferrerait d'elle-même par désespoir en voyant son frère l'épée à la main[4], ce frère ne laisserait pas d'être criminel de l'avoir tirée contre elle, puisqu'il n'y a point de troisième personne sur le théâtre à qui il pût adresser le coup qu'elle recevrait, comme peut faire Oreste à Égisthe. D'ailleurs l'histoire est trop connue pour retrancher le péril qu'il court d'une mort infâme après l'avoir tuée ; et la défense que lui prête son père pour obtenir sa grâce n'aurait plus de lieu, s'il demeurait innocent. Quoi qu'il en soit, voyons si cette action n'a pu causer la chute de ce poème que par là, et si elle n'a point d'autre irrégularité que de blesser les yeux.

Comme je n'ai point accoutumé de dissimuler mes défauts, j'en trouve ici deux ou trois assez considérables. Le premier est que cette action, qui devient la principale de la pièce, est momentanée et n'a point cette juste grandeur que lui demande Aristote, et qui consiste en un commencement, un milieu et une fin. Elle surprend tout d'un coup ; et toute la préparation que j'y ai donnée par la peinture de la vertu farouche d'Horace et par la défense qu'il fait à sa sœur de regretter qui que ce soit, de lui ou de son amant, qui meure au combat, n'est point suffisante pour faire attendre un emportement si

---

1. Sénèque (2 av. J.-C. - 65 apr. J.-C.), *Médée*, v. 937-1027.
2. Sophocle (vers 495-406 av. J.-C.), *Ajax*, v. 865.
3. Dans le deuxième *Discours de la tragédie*, Corneille souhaite qu'Oreste ne tue pas sa mère volontairement. Celle-ci en se jetant entre Oreste et Égisthe recevrait le coup que le fils destinait à son beau-père, assassin de son père.
4. Proposition faite par d'Aubignac dans la *Pratique du théâtre* (1657).

extraordinaire et servir de commencement à cette action.

Le second défaut est que cette mort fait une action double, par le second péril où tombe Horace après être sorti du premier. L'unité de péril d'un héros dans la tragédie fait l'unité d'action[1] ; et quand il en est garanti, la pièce est finie, si ce n'est que la sortie même de ce péril l'engage si nécessairement dans un autre que la liaison et la continuité des deux n'en fasse qu'une action ; ce qui n'arrive point ici, où Horace revient triomphant, sans aucun besoin de tuer sa sœur, ni même de parler à elle ; et l'action serait suffisamment terminée à sa victoire. Cette chute d'un péril en l'autre, sans nécessité, fait ici un effet d'autant plus mauvais que d'un péril public, où il y va de tout l'État, il tombe en un péril particulier, où il n'y va que de sa vie et, pour dire encore plus, d'un péril illustre, où il ne peut succomber que glorieusement, en un péril infâme, dont il ne peut sortir sans tache. Ajoutez, pour troisième imperfection, que Camille, qui ne tient que le second rang dans les trois premiers actes, et y laisse le premier à Sabine, prend le premier en ces deux derniers, où cette Sabine n'est plus considérable, et qu'ainsi, s'il y a égalité dans les 'mœurs[2], il n'y en a point dans la dignité des personnages, où se doit étendre ce précepte d'Horace :

Servetur ad imum
Qualis ab incepto processerit, et sibi constet[3].

Ce défaut en Rodelinde a été une des principales causes du mauvais succès de *Pertharite*[4], et je n'ai point encore vu sur

---

1. *Unité d'action* : voir p. 198.
2. *Mœurs* : caractères.
3. « Que ce personnage se maintienne jusqu'à la fin tel qu'il sera montré dès le commencement, et qu'il soit constant avec lui-même », *l'Art poétique* (v. 126-127).
4. Pertharite : tragédie de Corneille, 1651.

nos théâtres cette inégalité de rang en un même acteur, qui n'ait produit un très méchant effet. Il serait bon d'en établir une règle inviolable.

Du côté du temps, l'action n'est point trop pressée et n'a rien qui ne me semble vraisemblable. Pour le lieu, bien que l'unité y soit exacte, elle n'est pas sans quelque contrainte. Il est constant[1] qu'Horace et Curiace n'ont point de raison de se séparer du reste de la famille pour commencer le second acte, et c'est une adresse de théâtre de n'en donner aucune, quand on n'en peut donner de bonnes. L'attachement de l'auditeur à l'action présente souvent ne lui permet pas de descendre à l'examen sévère de cette justesse, et ce n'est pas un crime que de s'en prévaloir pour l'éblouir, quand il est malaisé de le satisfaire.

Le personnage de Sabine est assez heureusement inventé et trouve sa vraisemblance aisée dans le rapport à l'histoire, qui marque assez d'amitié et d'égalité entre les deux familles pour avoir pu faire cette double alliance.

Elle ne sert pas davantage à l'action que l'Infante à celle du *Cid*, et ne fait que se laisser toucher diversement, comme elle, à[2] la diversité des événements. Néanmoins on a généralement approuvé celle-ci, et condamné l'autre. J'en ai cherché la raison, et j'en ai trouvé deux. L'une est la liaison des scènes, qui semble, s'il m'est permis de parler ainsi, incorporer Sabine dans cette pièce, au lieu que, dans *le Cid*, toutes celles de l'Infante sont détachées et paraissent hors d'œuvre :

... Tantum series juncturaque pollet ![3]

L'autre, qu'ayant une fois posé Sabine pour femme d'Horace, il est nécessaire que tous les incidents de ce poème lui

---

1. *Constant :* évident.
2. *À :* par.
3. « Tant ont d'importance l'ordre et la liaison », *l'Art poétique* (v. 242).

donnent les sentiments qu'elle en témoigne avoir, par l'obligation qu'elle a de prendre intérêt à ce qui regarde son mari et ses frères, mais l'Infante n'est point obligée d'en prendre aucun en ce qui touche le Cid ; et si elle a quelque inclination secrète pour lui, il n'est point besoin qu'elle en fasse rien paraître, puisqu'elle ne produit aucun effet.

L'oracle qui est proposé au premier acte trouve son vrai sens à la conclusion du cinquième[1]. Il semble clair d'abord et porte l'imagination à un sens contraire, et je les aimerais mieux de cette sorte sur nos théâtres que ceux qu'on fait entièrement obscurs, parce que la surprise de leur véritable effet en est plus belle. J'en ai usé ainsi encore dans l'*Andromède*[2] et dans l'*Œdipe*[3]. Je ne dis pas la même chose des songes, qui peuvent faire encore un grand ornement dans la protase[4], pourvu qu'on ne s'en serve pas souvent. Je voudrais qu'ils eussent l'idée de la fin véritable de la pièce, mais avec quelque confusion qui n'en permît pas l'intelligence entière. C'est ainsi que je m'en suis servi deux fois, ici[5] et dans *Polyeucte*[6], mais avec plus d'éclat et d'artifice dans ce dernier poème, où il marque toutes les particularités de l'événement, qu'en celui-ci, où il ne fait qu'exprimer une ébauche tout à fait informe de ce qui doit arriver de funeste.

Il passe pour constant que le second acte est un des plus pathétiques qui soient sur la scène, et le troisième un des plus artificieux. Il est soutenu de la seule narration de la moitié du combat des trois frères, qui est coupée très heureusement pour laisser Horace le père dans la colère et le

---

1. Voir les vers 195-198 (I, 2) et 1782 (V, 3).
2. Andromède : tragédie de 1650. Voir I, 1, v. 176-181.
3. Œdipe : tragédie de 1659. Voir II, 3, v. 605-610.
4. *Protase* : exposition.
5. *Ici* : dans *Horace*, I, 2, v. 215-222.
6. Polyeucte : tragédie écrite vers 1642. Voir I, 3, v. 221-245.

déplaisir, et lui donner ensuite un beau retour à la joie dans le quatrième. Il a été à propos, pour le jeter dans cette erreur, de se servir de l'impatience d'une femme qui suit brusquement sa première idée et présume le combat achevé parce qu'elle a vu deux des Horaces par terre, et le troisième en fuite. Un homme, qui doit être plus posé et plus judicieux, n'eût pas été propre à donner cette fausse alarme ; il eût dû prendre plus de patience, afin d'avoir plus de certitude de l'événement et n'eût pas été excusable de se laisser emporter si légèrement par les apparences à présumer le mauvais succès d'un combat dont il n'eût pas vu la fin.

Bien que le roi n'y paraisse qu'au cinquième, il y est mieux dans sa dignité que dans *le Cid*, parce qu'il a intérêt pour tout son État dans le reste de la pièce ; bien qu'il n'y parle point, il ne laisse pas d'y agir comme roi. Il vient aussi dans ce cinquième comme roi qui veut honorer par cette visite un père dont les fils lui ont conservé sa couronne et acquis celle d'Albe au prix de leur sang. S'il y fait l'office de juge, ce n'est que par accident ; et il le fait dans ce logis même d'Horace, par la seule contrainte qu'impose la règle de l'unité de lieu. Tout ce cinquième est encore une des causes du peu de satisfaction que laisse cette tragédie ; il est tout en plaidoyers, et ce n'est pas là la place des harangues ni des longs discours ; ils peuvent être supportés en un commencement de pièce, où l'action n'est pas encore échauffée ; mais le cinquième acte doit plus agir que discourir. L'attention de l'auditeur, déjà lassée, se rebute de ces conclusions qui traînent et tirent la fin en longueur.

Quelques-uns ne veulent pas que Valère y soit un digne accusateur d'Horace, parce que dans la pièce il n'a pas fait voir assez de passion pour Camille[1] ; à quoi je réponds que

---

1. *Quelques-uns ... Camille* : allusion à un reproche d'Aubignac dans la *Pratique du théâtre* (1657).

ce n'est pas à dire qu'il n'en eût une très forte, mais qu'un amant mal voulu ne pouvait se montrer de bonne grâce à sa maîtresse dans le jour qui la rejoignait[1] à un amant aimé. Il n'y avait point de place pour lui au premier acte, et encore moins au second ; il fallait qu'il tînt son rang à l'armée pendant le troisième ; et il se montre au quatrième sitôt que la mort de son rival fait quelque ouverture à son espérance[2] : il tâche à gagner les bonnes grâces du père par la commission qu'il prend du roi de lui apporter les glorieuses nouvelles de l'honneur que ce prince lui veut faire ; et par occasion il lui apprend la victoire de son fils, qu'il ignorait. Il ne manque pas d'amour durant les trois premiers actes, mais d'un temps propre à le témoigner ; et dès la première scène de la pièce, il paraît bien qu'il rendait assez de soins[3] à Camille, puisque Sabine s'en alarme pour son frère. S'il ne prend pas le procédé de France, il faut considérer qu'il est Romain et dans Rome, où il n'aurait pu entreprendre un duel contre un autre Romain sans faire un crime d'État, et que j'en aurais fait un de théâtre, si j'avais habillé un Romain à la française.

---

1. *La rejoignait* : l'unissait.
2. *Fait ... espérance* : lui donne une occasion d'espérer.
3. *Rendait assez de soins* : faisait la cour.

Documentation thématique

La Rome primitive

La légende

Suivant la tradition, le Troyen Énée, survivant à l'anéantissement de sa ville par les Grecs, serait parvenu en Italie, à l'embouchure du Tibre. Là, il aurait noué des contacts amicaux avec le roi Latinus, dont il aurait épousé la fille, Lavinia. Selon Virgile (poète latin, 70-19 av. J.-C.) et Tite-Live (historien latin, 59 av. J.-C.-16 apr. J.-C.), Énée fonde alors la ville de Lavinium, ainsi nommée en honneur de son épouse (voir p. 22). Quelque temps plus tard, le fils d'Énée, Iule (ou Ascagne), qui a succédé à son père, va fonder, non loin de là, la ville d'Albe (aujourd'hui Castel Gandolfo). Douze rois albains (qui semblent n'avoir été inventés que pour combler le vide chronologique entre la guerre de Troie et la fondation de Rome) se succèdent alors jusqu'à Numitor.

Remus et Romulus, fondateurs mythiques

Numitor, héritier légitime du trône, est cependant déposé par son frère Amulius, qui, pour assurer son pouvoir, fait massacrer ses neveux et oblige sa nièce, Rhéa Silvia, à devenir vestale, ce qui la contraignait à rester vierge. Mais, à la suite de circonstances mal définies (la jeune fille parlera d'une intervention du dieu Mars !), Rhéa Silvia met au monde des jumeaux, Romulus et Remus.

Les deux nouveau-nés sont alors abandonnés sur les eaux du Tibre, miraculeusement sauvés et allaités par

Détail des *Sabines*. Tableau de David, 1799.
Musée du Louvre, Paris.

une louve, avant d'être recueillis par des bergers. Après
avoir rétabli leur grand-père Numitor sur le trône d'Albe,
les jumeaux vont fonder, à l'endroit où ils avaient été
recueillis, une nouvelle ville. Selon le rite étrusque,
Romulus trace un sillon sacré autour de la ville ainsi
fondée ; Remus, qui franchit cette limite par bravade,
est alors tué par Romulus, qui nomme la ville Roma,
rappel de son propre nom (753 av. J.-C., d'après la
chronologie traditionnelle).

L'enlèvement des Sabines et la croissance de Rome
Le règne de Romulus est dominé par une longue suite
de batailles, les peuples des environs supportant assez

mal leurs nouveaux et turbulents voisins. C'est sous ce règne que se situe le célèbre épisode de l'enlèvement des Sabines.

Selon l'habitude des fondateurs de villes, Romulus avait rassemblé autour de sa personne un certain nombre d'aventuriers et de « marginaux ». Mais ils manquaient de femmes pour perpétuer l'existence de leur ville, et personne, parmi leurs voisins, n'acceptait de donner ses filles à de tels individus. C'est pourquoi, lors d'une fête religieuse spécialement organisée pour la circonstance, les Romains enlevèrent les jeunes Sabines.

On dit que les ravisseurs s'attachèrent rapidement l'affection de leurs captives par leurs égards ; et, lorsque les Sabins vinrent livrer bataille aux Romains pour reprendre leurs filles, celles-ci se jetèrent au milieu des combattants en suppliant leurs pères et leurs maris de ne pas s'entre-tuer (intervention à rapprocher du discours du dictateur albain dans *Horace*, acte I, scène 3, vers 285-315). Les deux peuples se réconcilièrent alors et Romulus associa un Sabin, Titus Tatius, à l'exercice de la royauté.

À Romulus succède Numa Pompilius, dont la piété est la caractéristique principale. Sous son règne, qui se serait étendu de 715 à 672 av. J.-C., auraient été fixées les grandes lignes de la religion romaine. Afin de donner plus de poids à ses décisions, il prétendait qu'elles lui étaient inspirées par la nymphe Égérie, nom qui désigne encore aujourd'hui la conseillère ou l'inspiratrice d'un homme.

À sa mort, il laisse à Tullus Hostilius, son successeur, une Rome encore bien modeste, mais fortifiée par quarante ans de paix et de sages réformes.

La réalité historique

Les découvertes archéologiques

Virgile, et surtout Tite-Live ne croyaient déjà plus guère à ces légendes ; pourtant la science historique moderne vient confirmer, de troublante manière, certains éléments de la légende, et notamment la datation traditionnelle.

Les fouilles archéologiques entreprises peu après 1900 sur le Forum romain ont permis de dater du VIIIe siècle avant notre ère les premières traces d'occupation du site de Rome. On a en effet retrouvé des urnes funéraires en forme de cabanes, semblables à celles qui furent exhumées de la nécropole (cimetière antique) d'Albe, sans doute plus ancienne de quelques décennies. Par ailleurs, à proximité du Forum, sur la colline du Palatin, on a identifié des « fonds de cabanes ». Ces traces archéologiques et la forme des urnes funéraires, reproduction de l'habitat des vivants, donnent une assez bonne idée de cet habitat primitif : huttes de branchages et d'argile, de forme ronde ou ovale.

La date proposée pour la fondation de Rome semble donc corroborée par les méthodes modernes de datation ; des liens privilégiés de la nouvelle cité avec Albe n'ont rien d'impossible ; il paraît également plausible qu'un des premiers sites occupés ait été le Palatin, comme le veut la tradition. En revanche, il est certain qu'on ne peut parler de ville à l'époque de Romulus, et pas plus sous le règne de Tullus Hostilius ; les « remparts » auxquels Julie fait allusion (vers 1002) sont parfaitement anachroniques ! Jusqu'en 600 av. J.-C. au moins, Rome n'a été rien de plus qu'un groupement de cabanes habitées par des bergers.

L'influence étrusque

À ses débuts, rien ne prédestinait Rome, située dans une plaine côtière humide de 2 000 km² à peine, le Latium (moins de la moitié d'un département français !), à un avenir aussi glorieux. Au sein du peuple latin, des villes comme Fidènes, Tusculum, Albe elle-même étaient à la fois plus anciennes, plus prestigieuses et plus importantes que Rome. Les tribus sabines, nombreuses et belliqueuses, semblaient devoir submerger la petite bourgade. Surtout, la prestigieuse civilisation étrusque, dont le berceau se trouvait sur la rive droite du Tibre, mais dont l'influence s'étendait fort loin au sud, éclipsait complètement ce rassemblement de huttes primitives blotties sur quelques collines au bord du Tibre.

En réalité, l'existence, à ses portes, de la grande civilisation étrusque a sans doute constitué une chance pour Rome. En effet, la ville nouvellement fondée se situe à un point stratégique important pour les Étrusques, au passage du Tibre sur la route qui va du nord au sud. C'est surtout à son rôle stratégique que la ville doit son développement initial, la colline du Palatin constituant, à cet égard, une citadelle idéale pour verrouiller le passage du fleuve.

Par chance pour Rome, ni les Latins, ni les Sabins ni les Étrusques n'avaient de réelle unité politique et militaire, et Rome put ainsi les soumettre successivement, cité après cité, non sans subir très profondément l'influence étrusque. La religion romaine, et notamment les pratiques divinatoires, s'inspirent nettement de l'héritage étrusque. Celui-ci reste également visible dans les domaines linguistique (l'alphabet romain vient de l'étrusque) et artistique.

Le règne de Tullus Hostilius et le combat des Horaces et des Curiaces

Tullus Hostilius, le troisième roi de Rome (672-640 av. J.-C.), prend donc la tête d'une communauté organisée certes, mais encore bien primitive. Ce chef de clan a peu à voir avec la figure de Tulle, décrit par Corneille comme un monarque absolu de droit divin, régnant sur un peuple hiérarchisé et policé de « chevaliers » et de « dames » romaines.

Contrairement à Numa, Tullus Hostilius se montre d'un caractère violent et guerrier. Et, lorsque des paysans romains allèrent chaparder en territoire albain et réciproquement, le roi fut tout heureux d'avoir trouvé son *casus belli* (motif de guerre). Car c'est cela, le Latium primitif : des paysans qui se battent pour quelques hectares, quelques femmes ou quelques bœufs.

La guerre se réduisit en fait au combat des Horaces et des Curiaces (voir les extraits de Tite-Live, p. 170, qui constituent la principale source pour cet épisode de l'histoire romaine). La ville d'Albe fut rasée et ses habitants transportés à Rome. Quant à Tullus Hostilius (décidément bien éloigné du sage et pieux Tulle de Corneille !), après une vie passée à guerroyer, il périt foudroyé par Jupiter pour son impiété !

D'une banale querelle entre villageois, le génie narratif de Tite-Live a fait une épopée ; de ce récit épique, le génie dramatique de Corneille a fait la première grande tragédie classique du théâtre français. Miracles de l'art !...

Aimer malgré les frontières

Aimer malgré les frontières est une situation souvent tragique, même aujourd'hui. Dans *Horace*, le tragique de ces amours est vécu différemment par les deux couples, en raison de leur situation — l'un est marié (Sabine-Horace), l'autre fiancé (Camille-Curiace) — et de leur caractère. Sabine se résigne, tandis que Camille se révolte, et le spectateur voit très vite en Curiace un vaincu, en Horace un vainqueur qui cherche à surmonter héroïquement la fatalité.

Poètes, auteurs dramatiques, romanciers et, aujourd'hui, cinéastes ont souvent traité des thèmes analogues, mais les dénouements qu'ils proposent sont très différents selon qu'ils privilégient le tragique, l'espoir ou encore l'ironie.

La notion de frontière peut d'ailleurs être interprétée et définie de façons variées ; notion géographique, la frontière implique d'abord des différences de mœurs, de coutumes, de conception de la vie, et se transforme donc très vite en barrière morale. Aimer malgré les frontières entraînera alors une tension qui ne sera pas forcément tragique, mais certainement douloureuse. La situation des personnages deviendra tragédie si cette frontière se transforme en ligne de démarcation, en coupure qui oppose deux camps ennemis ; la tension arrivera à son point maximum, et débouchera la plupart du temps sur la mort des amants.

Deux couples shakespeariens
aux antipodes l'un de l'autre

L'amour de deux êtres qui s'aiment malgré l'opposition des camps et des frontières a été traité à deux reprises par le dramaturge anglais Shakespeare (1564-1616), et de manières fort différentes.

Roméo et Juliette

À Vérone, les Montaigu et les Capulet sont deux familles ennemies qui s'affrontent à la moindre occasion. Cependant, Roméo, fils de Montaigu, est tombé amoureux de Juliette, fille de Capulet. La frontière qui les sépare est la barrière créée par les clans, les bandes armées qui s'affrontent jusqu'à la mort. Dans l'extrait suivant, les deux jeunes gens, qui expriment leur amour pour la première fois, traitent la différence de camp comme une simple formalité, un « nom » que le langage pourrait abolir.

ROMÉO, *en aparté*.

Elle a parlé
Oh ! parle encor, lumineux ange ! Car tu es
Aussi glorieuse à cette nuit, te tenant par-dessus ma
[tête,
Que pourrait l'être un messager ailé du ciel
Aux yeux retournés blancs d'émerveillement
Des mortels, qui se renversent pour le voir,
Quand il enjambe les nuages paresseux
Quand il glisse sur la poitrine de l'air.

JULIETTE

Ô Roméo, Roméo ! Pourquoi es-tu Roméo ?
Renie ton père, refuse ton nom ;
Ou si tu ne le fais, sois mon amour juré
Et moi je ne serai plus une Capulet.

ROMÉO, *en aparté*.

L'écouterai-je encore
Ou vais-je lui parler ?

JULIETTE

C'est seulement ton nom qui est mon ennemi.
Tu es toi-même, tu n'es pas un Montaigue.
Qu'est-ce un Montaigue ? Ce n'est ni pied ni main
Ni bras ni visage, ni aucune partie
Du corps d'un homme. Oh ! sois un autre nom !
Qu'y a-t-il en un nom ? Ce que nous nommons rose
Sous un tout autre nom sentirait aussi bon ;
Et ainsi Roméo, s'il ne s'appelait pas
Roméo, garderait cette chère perfection
Qu'il possède sans titre. Oh ! retire ton nom,
Et pour ton nom qui n'est aucune partie de toi
Prends-moi toute entière !

ROMÉO

                    Je te prends au mot :
Ne m'appelle plus qu'amour et je serai rebaptisé ;
Dorénavant je ne serai plus jamais Roméo.

JULIETTE

Quel homme es-tu, toi caché par la nuit
Qui trébuches dans mon secret ?

ROMÉO

                    Par aucun nom
Je ne sais comment te dire qui je suis.
Mon nom, ô chère sainte, est en haine à moi-même
Puisqu'il est ton ennemi.
Et si je l'avais écrit j'aurais déchiré le mot.

Roméo et Juliette, (II, 2),
traduction de Pierre-Jean Jouve et Georges Pitoëff.
Bibliothèque de la Pléiade, Gallimard.

Cependant, l'hostilité des deux camps n'est pas qu'un
vain mot. On connaît la fin célèbre de l'histoire :
Roméo s'empoisonnera sur le corps de Juliette qu'il

croira morte, puis Juliette se poignardera en constatant la mort de son bien-aimé.

Troïlus et Cressida, ou le regard ironique

Cette pièce inspirée d'Homère présente une vision très différente de celle de *Roméo et Juliette*. Le héros de cette pièce (tragédie pour les uns, comédie pour les autres) est le Troyen Troïlus, le plus jeune fils de Priam ; il est tombé amoureux de la belle prisonnière grecque Cressida, qui semble répondre à ses avances. Cependant, un accord conclu entre les camps grec et troyen décide de rendre Cressida à sa patrie. Les deux jeunes gens, qui s'aiment malgré les différences de frontière et de camp, doivent donc se séparer.

TROÏLUS
Vous ne pouvez vous fuir vous-même.

CRESSIDA
Laissez-moi partir, pour essayer.
J'ai une sorte de moi qui demeure avec vous,
Mais aussi, un méchant moi, qui veut se fuir lui-même
Pour être dupe d'un autre. Où donc ai-je l'esprit ?
Je voudrais être partie. Je ne sais plus ce que je dis.

TROÏLUS
On sait bien ce qu'on dit quand on parle aussi sagement.

CRESSIDA
Qui sait, monseigneur, peut-être ai-je montré moins
[d'amour que de ruse,
Et n'ai-je fait si ouvertement un grand aveu
Que pour mieux sonder ; mais vous êtes sage ;
Ou aussi bien vous n'aimez pas ; car être sage et
[amoureux
Cela dépasse l'homme ; cela ne convient qu'aux dieux
[là-haut.

161

TROÏLUS

Ah ! si je pensais qu'il fût possible pour une femme
— Et si c'est possible, je crois que ce l'est pour vous —
D'entretenir à jamais le flambeau, la flamme de son
[amour,
De conserver à sa foi pleine force et jeunesse
Qui survive à la beauté extérieure, avec une âme
Qui se renouvelle plus vite que le sang ne vieillit ;
Oh ! si la persuasion pouvait me convaincre
Que ma fidélité, ma loyauté à votre égard
Trouveront en face d'elles une égale mesure
D'une même pureté d'amour raffiné,
Combien j'en serais exalté ! Mais hélas !
Je suis aussi loyal que la loyauté la plus simple,
Je suis plus simple que la loyauté d'un enfant.

CRESSIDA

En cela je serai votre rivale.

TROÏLUS

Ô vertueux combat !
Quand juste et juste luttent à qui sera le plus juste.
Les amoureux fidèles, dans le monde à venir,
Attesteront leur fidélité par Troïlus. Lorsque leurs
[poèmes
Pleins de protestations, de serments, et d'hyperboles
Seront à court de comparaisons, et leur fidélité lasse de
[se redire,
« Fidèle comme l'acier, comme les plantes à la lune,
Comme le soleil au jour, comme la tourterelle à son
[compagnon,
Comme le fer à l'aimant, comme la terre à son centre »,
Eh bien, après tous ces symboles de fidélité,
On me citera comme le modèle authentique de la
[fidélité ;
Les mots « Aussi fidèles que Troïlus » couronneront le
[poème
Et rendront ses vers sacrés.

CRESSIDA

Puissiez-vous être prophète !

162

Si je suis perfide, si je dévie d'un cheveu de la fidélité,
Quand le temps sera vieux et s'oubliera lui-même,
Que les gouttes d'eau auront usé les pierres de Troie,
Que l'aveugle oubli aura englouti les cités,
Que de puissants empires, sans épitaphes, seront réduits
À un néant de poussière, je veux qu'alors le souvenir
Dénombrant une à une les amantes perfides,
Dénonce ma perfidie ! Quand on aura dit : « perfide
Comme l'air, comme l'eau, le vent ou le sable,
Comme le renard pour l'agneau, le loup pour le veau,
Le léopard pour la biche, ou la marâtre pour son beau-
[fils »,
Oui, je veux qu'on ajoute pour percer la perfidie au
[cœur :

« Perfide comme Cressida ».

> *Troïlus et Cressida* (III, 2), Shakespeare,
> Aubier, traduction de A. Digeon, 1969.

Mais la belle Cressida, une fois rentrée dans le camp
grec, sera infidèle à Troïlus. Toute la pièce tournera à
la dérision ; alors que les chefs sont présentés comme
des soudards, seul Troïlus gardera quelque noblesse. La
solution apportée par Shakespeare à l'amour des deux
jeunes gens est ironique et désabusée : rien ne résiste
à l'éloignement, et tout sombre dans la parodie.

Le renoncement

Le thème de l'amour devant surmonter les frontières a
été largement exploité par les auteurs classiques,
notamment Racine. Dans *Bérénice* (1670), Titus, en
devenant empereur de Rome à la mort de son père
Vespasien, se voit moralement et politiquement contraint
de renoncer à son mariage avec la reine Bérénice,

parce qu'elle est étrangère. Voici comment le confident de Titus, Paulin, lui résume la situation (acte II, sc. 2).

N'en doutez point, Seigneur ; soit raison, soit caprice,
Rome ne l'attend point pour son impératrice.
On sait qu'elle est charmante, et de si belles mains
Semblent vous demander l'empire des humains ;
Elle a même, dit-on, le cœur d'une Romaine ;
Elle a mille vertus, mais, Seigneur, elle est reine.
Rome, par une loi qui ne se peut changer,
N'admet avec son sang aucun sang étranger
Et ne reconnaît point les fruits illégitimes
Qui naissent d'un hymen contraire à ses maximes.
D'ailleurs, vous le savez, en bannissant ses rois,
Rome à ce nom, si noble et si saint autrefois,
Attacha pour jamais une haine puissante ;
Et quoiqu'à ses Césars fidèle, obéissante,
Cette haine, Seigneur, reste de sa fierté,
Survit dans tous les cœurs après la liberté.
Jules, qui le premier la soumit à ses armes,
Qui fit taire les lois dans le bruit des alarmes,
Brûla pour Cléopâtre ; et, sans se déclarer,
Seule dans l'Orient la laissa soupirer.
Antoine, qui l'aima jusqu'à l'idolâtrie,
Oublia dans son sein sa gloire et sa patrie,
Sans oser toutefois se nommer son époux :
Rome l'alla chercher jusques à ses genoux
Et ne désarma point sa fureur vengeresse
Qu'elle n'eût accablé l'amant et la maîtresse.
Depuis ce temps, Seigneur, Caligula, Néron,
Monstres dont à regret je cite ici le nom,
Et qui, ne conservant que la figure d'homme,
Foulèrent à leurs pieds toutes les lois de Rome,
Ont craint cette loi seule et n'ont point à nos yeux
Allumé le flambeau d'un hymen odieux.

Après bien des hésitations, Titus et Bérénice renonceront l'un à l'autre. Même si la pièce s'achève sans effusion de sang, la solution apportée par Racine n'en demeure pas moins essentiellement tragique, puisque les deux amants sont condamnés à ne plus se voir : l'existence ne sera plus pour eux, comme l'affirme Titus, « qu'un long bannissement ».

Surmonter le tragique

Le XVIIIᵉ et surtout le XIXᵉ siècle ont vu apparaître et fleurir l'exotisme ; et, avec lui, un mélange d'intérêt passionné et de répulsion pour l'étranger. L'exotisme oriental peut trouver son expression parfaite dans l'opéra de Puccini, *Madame Butterfly* (1904) : l'histoire d'une jeune Japonaise abandonnée par son mari américain, Pinkerton, qui considère comme nul le mariage contracté avec elle.

Situation inverse dans *Vent d'est, vent d'ouest*, roman de l'Américaine Pearl Buck (1892-1973) qui se trouve au carrefour des univers chinois et américain de par son éducation : dans cet extrait, une Chinoise dont le mari est occidentalisé raconte, peu avant 1930, comment son frère est revenu, après ses études aux États-Unis, marié avec une Américaine. Voici la première visite de la jeune femme américaine (« l'étrangère ») à sa belle-mère chinoise.

Ma mère regarda fixement l'étrangère. Leurs yeux se rencontrèrent et, à l'instant même, elles se déclarèrent ennemies. Ma mère détourna fièrement son regard et contempla l'espace au-delà de la porte ouverte.

D'une voix ferme l'étrangère dit quelques mots à mon frère, je sus plus tard qu'elle lui demandait : « Dois-je m'agenouiller, à présent ? »

Il fit un signe de tête affirmatif et, ensemble, ils s'agenouillèrent devant notre mère, puis mon frère prononça les paroles qu'il avait préparées d'avance :

« Très Ancienne et Honorable, me voici revenu des contrées lointaines pour me retrouver, selon votre ordre, en la bonne présence de mes parents, moi, votre fils indigne. Je me réjouis de ce que notre mère ait jugé bon d'accepter nos inutiles présents. Je dis nous, car j'ai amené ma femme, dont il a été question dans une lettre, écrite de la main de mon ami. Elle vient, pour être la belle-fille de ma mère. Bien qu'un sang étranger coule dans ses veines, elle me prie de dire à notre Honorable mère que depuis qu'elle m'a épousé, son cœur est devenu chinois. Elle adopte volontairement la race et les coutumes de notre famille, renonçant à la sienne. Ses fils seront entièrement de notre Céleste Nation, citoyens de la brillante République, et héritiers de l'Empire du Milieu. Elle vous rend hommage. »

Il se tourna vers l'étrangère, qui attendait tranquillement tandis qu'il parlait, et lui fit signe. Avec une dignité rare, elle se courba, son front touchant le sol, aux pieds de ma mère. Trois fois, elle répéta son salut, puis ensemble, ils s'inclinèrent trois fois encore ; ensuite ils se relevèrent et se tinrent debout, aux ordres de ma mère.

Elle ne prononça pas une parole. Durant toute la scène, son regard resta fixé sur les espaces découverts des cours, de l'autre côté de la porte. Elle demeura ainsi, plusieurs instants, gardant le silence, hautaine et rigide.

Vent d'est, vent d'ouest, Stock,
traduction Germaine Delamain, 1932.

Le jeune couple mènera une vie difficile, parfois intenable, mais résistera à ces épreuves ; la vision de la romancière est finalement optimiste : la jeune femme parviendra à s'adapter. Seule, la belle-mère chinoise, déjà malade, mourra de fatigue et de chagrin. La perspective proposée par Pearl Buck est particulièrement intéressante, parce que toute l'histoire est narrée par une Chinoise et oblige le lecteur européen à oublier son point de vue occidental.

L'abolition des frontières

Hiroshima mon amour est un film réalisé par Alain Resnais d'après le scénario, véritable pièce de théâtre, écrit par Marguerite Duras (née en 1914). Le personnage féminin, juste nommé « Elle », a aimé, à Nevers, un soldat allemand à la fin de la Seconde Guerre mondiale ; mais le soldat a été tué, et « Elle » a été tondue à la Libération pour montrer à tous sa « honteuse collaboration » avec l'ennemi. En 1957, « Elle » vient à Hiroshima, pour jouer dans un film sur la paix. Elle rencontre un Japonais avec lequel elle vit une brève mais bouleversante aventure : le Japonais lui rappelle l'Allemand aimé autrefois, et elle s'adresse à lui en ne sachant plus si elle parle à l'homme vivant qui est devant elle, ou au soldat mort.

La notion de frontière perd alors toute signification : l'amour transgresse les différences de race, de nationalité, de camp. La guerre, qui range les hommes dans des camps opposés, est dénoncée comme absurde, de même que les préjugés raciaux. Dans ce passage, « Elle » revit la mort de l'Allemand en le confondant avec le Japonais qui est devant elle.

167

ELLE. Je commence à voir.
Je me souviens avoir déjà vu — avant — avant —
pendant que nous nous aimions, pendant notre bonheur.
Je me souviens.
Je vois l'encre.
Je vois le jour.
Je vois ma vie. Ta mort.
Ma vie qui continue. Ta mort qui continue
Chambre et cave de Nevers.
et que l'ombre gagne déjà moins vite les angles des
murs de la chambre. Et que l'ombre gagne déjà moins
vite les angles des murs de la cave.
Vers six heures et demie.
L'hiver est terminé.
Un temps. À Hiroshima.
Elle tremble.
Elle se retire de la figure.

ELLE. Ah ! C'est horrible. Je commence à moins bien
me souvenir de toi.
Il tient le verre et la fait boire. Elle est horrifiée par elle-
même.

ELLE. ... Je commence à t'oublier. Je tremble d'avoir
oublié tant d'amour...
... Encore *(à boire).*
Elle divague. Cette fois. Seule. Lui la perd.

ELLE. On devait se retrouver à midi sur le quai de la
Loire. Je devais repartir avec lui.
Quand je suis arrivée à midi sur le quai de la Loire il
n'était pas tout à fait mort.
Quelqu'un avait tiré d'un jardin.
Le jardin du quai de Nevers.
Elle délire, ne le regarde plus.

ELLE. Je suis restée près de son corps toute la journée
et puis toute la nuit suivante. Le lendemain matin on
est venu le ramasser et on l'a mis dans un camion.
C'est dans cette nuit-là que Nevers a été libérée.

Hiroshima mon amour, Marguerite Duras, Gallimard, 1972.

Annexes

Les sources

L'historien latin Tite-Live a transmis le récit du combat des
Horaces et des Curiaces ; c'est directement à cet auteur que
Corneille a emprunté l'intrigue de sa pièce. Le dramaturge
reproduit d'ailleurs de très larges extraits de l'*Histoire de Rome*
(livre I, chapitres 23 à 26) en tête des éditions d'*Horace* parues
de 1648 à 1656. Voici le récit du combat lui-même, extrait
du chapitre 25.

Le traité conclu, les jumeaux, comme il était convenu, prennent
leurs armes. Tandis que chaque parti rappelle à ses champions
que « leurs dieux nationaux, leur patrie, leurs parents, tout ce
que la ville, tout ce que l'armée comptent de citoyens ont les
yeux fixés sur leurs épées, sur leurs bras », eux, déjà braves
de leur nature, et la tête pleine de ces paroles d'encouragement,
s'avancent au milieu des lignes. Assises chacune devant son
camp, les deux armées étaient à ce moment hors de danger,
mais non d'inquiétude : la suprématie était en jeu et reposait
sur le courage et la chance de quelques hommes. Aussi tous
sur le qui-vive et en suspens portent une ardente attention à
ce spectacle si angoissant. On donne le signal, et, comme deux
bataillons, les six jeunes gens vont à l'offensive, concentrant
en eux le courage de deux grandes armées. Les uns et les
autres oublient leur propre danger pour ne penser qu'à leur
nation, à sa puissance ou à son asservissement et à la destinée
de leur patrie, qui sera ce qu'eux seuls l'auront faite. Dès le
premier choc, le cliquetis des armes, l'éclair des épées firent
passer un grand frisson dans l'assistance saisie ; l'espoir ne
penchait d'aucun côté ; tous en perdaient la voix et le souffle.
Mais, quand la mêlée fut engagée, quand ce ne furent plus
seulement des corps en mouvement, des épées et des boucliers
brandis sans résultat qui s'offrirent à la vue, mais bien des
blessures et du sang, les trois Albains étaient blessés, tandis
que deux Romains s'abattaient mourants l'un sur l'autre. Leur

chute fit pousser des cris de joie à l'armée albaine ; les légions romaines, dès lors sans espoir, mais non sans inquiétude, tremblaient pour leur unique champion que cernaient les trois Curiaces. Par bonheur, il était indemne, trop faible, à lui seul, il est vrai, pour tous ses adversaires réunis, mais redoutable pour chacun pris à part. Afin de les combattre séparément, il prit la fuite, en se disant que chaque blessé le poursuivrait dans la mesure de ses forces. Il était déjà, dans sa fuite, à une certaine distance du champ de bataille, quand il tourne la tête et voit ses poursuivants très espacés. Le premier n'était pas loin : d'un bond il revient sur lui, et, tandis que les Albains crient aux Curiaces de porter secours à leur frère, Horace avait déjà tué son adversaire et, vainqueur, marchait au second combat. Poussant les acclamations dont la faveur accueille toujours un succès inespéré, les Romains encouragent leur champion, et lui expédie le combat rapidement. Sans donner au dernier Curiace, qui n'était pourtant pas loin, le temps d'arriver, il tue l'autre. Maintenant la lutte était égale, survivant contre survivant ; mais ils n'avaient ni le même moral, ni la même force. L'un, exempt de toute atteinte et deux fois vainqueur, marchait fièrement à son troisième combat ; l'autre s'y traînait, épuisé par sa blessure, épuisé par sa course ; déjà vaincu pour avoir vu tomber ses frères, il s'offre aux coups du vainqueur. Ce ne fut pas un combat. Le Romain s'écrie avec transport : « J'ai donné deux victimes aux mânes de mes frères ; la troisième, c'est à l'objet de cette guerre, à la suprématie de Rome sur Albe que je vais la donner. » C'est à peine si l'Albain pouvait porter ses armes ; il lui plonge d'en haut son épée dans la gorge, l'abat et le dépouille.

Tite-Live, *Histoire de Rome*, traduction de Gaston Baillet, les Belles Lettres, 1940 (rééd. 1967).

La fidélité de Corneille au récit livien est telle qu'elle n'a pas besoin d'être soulignée, mais le génie de Corneille lui a inspiré de découper ce récit en deux parties et même en deux actes (III, 6 : Julie annonce la fuite d'Horace et la défaite de Rome ; IV, 2 : Valère explique la ruse et la victoire d'Horace).

Dramatiquement, Corneille y gagnait un magnifique effet de suspension (nous dirions aujourd'hui de « suspense ») et provoquait un coup de théâtre magistral. Les épisodes du meurtre de Camille et du procès d'Horace sont, eux aussi, directement issus de Tite-Live, que Corneille traduit parfois presque mot à mot (discours du dictateur albain, récit du combat, plaidoyer du Vieil Horace). Mais le dramaturge a aussi allégé et resserré dramatiquement son modèle.

La principale originalité de Corneille reste cependant l'invention de Sabine, femme d'Horace et sœur des Curiaces, qui rend beaucoup plus tragique, par les liens personnels qu'elle crée entre les héros, un combat qui reste assez anonyme chez Tite-Live. Par ailleurs, Corneille a pu enrichir le récit latin de quelques détails empruntés aux *Antiquités romaines* de l'historien grec Denys d'Halicarnasse (contemporain de Tite-Live). Par exemple, Denys évoque la conclusion d'une trêve avant la rencontre décisive (voir *Horace*, I, 3), ce que ne mentionne pas Tite-Live ; l'historien grec indique aussi que certains grands personnages de Rome se firent les accusateurs d'Horace après le meurtre de sa sœur, ce qui peut préfigurer le rôle de Valère à l'acte V.

Une consultation, même indirecte, de Denys d'Halicarnasse est donc assez probable, mais il ne s'agit, au mieux, que d'un apport marginal à Tite-Live. En revanche, il paraît certain que Corneille n'a rien tiré des quelques pièces relatives aux Horaces publiées dans les décennies précédant sa propre pièce.

La structure d'*Horace*

La structure d'*Horace* est conforme aux exigences de son époque : un acte d'exposition, qui introduit dès la scène 3 un premier coup de théâtre, lui évitant de languir ; trois actes de péripéties, ponctués de deux nouveaux coups de théâtre (désignation des Curiaces par Albe, II, 2 ; annonce de la victoire d'Horace, IV, 2) ; un dernier acte qui dénoue l'intrigue : que faire d'Horace, héros national et meurtrier ?

Le tout étant rythmé par l'alternance de moments d'espoir et d'angoisse, comme si Corneille, en maître consommé du « suspense » voulait jouer avec les nerfs de ses personnages et des spectateurs.

La tragédie par excellence ?

Mais, pour comprendre la structure d'*Horace,* il faut se rappeler qu'en composant cette pièce, Corneille avait pour ambition d'écrire la tragédie parfaite, afin de faire taire les critiques qui l'avaient malmené lors de la « querelle » du *Cid*. La nouvelle pièce devait notamment respecter parfaitement les unités de temps, de lieu et d'action.

À ce titre, Tite-Live lui fournissait une matière privilégiée, chronologiquement très dense et déjà structurée en quelques grands épisodes (discours du dictateur albain, combat, meurtre de Camille, jugement d'Horace). Mais le plus bel effet dramatique de la pièce est bien dû à Corneille : chez Tite-Live, le combat est décrit linéairement, « en direct ». La règle des bienséances obligeait Corneille à présenter ce combat à travers un récit. Mais son originalité consiste à l'avoir distribué entre deux messagers, partagé en deux scènes, et même en deux actes (III, 6 et IV, 2). Ce découpage original donne naissance au plus beau coup de théâtre qui se puisse rêver...

L'unité de temps

Loin de connaître les mêmes difficultés que pour *le Cid*, Corneille n'a eu aucune peine à faire tenir l'action d'*Horace* en un seul jour. Il a soin de baliser de temps à autre le déroulement chronologique de sa pièce. À la fin de l'acte I, par exemple, Curiace précise :

« **Dans deux heures au plus**, par un commun accord,
Le sort de nos guerriers réglera notre sort. » (v. 329-330).

Les deux derniers vers de la tragédie soulignent aussi discrètement le respect de l'unité de temps :

« Je veux qu'**un même jour**, témoin de leurs deux morts,
En un même tombeau voie enfermer leurs corps. » (v. 1781-1782).

L'unité de lieu

Aucun problème non plus pour l'unité de lieu ; toute la pièce se passe dans la maison d'Horace, dans l'*atrium* probablement. Le choix est habile : c'est là qu'on se réunit, c'est là qu'on commente les nouvelles, c'est là aussi qu'arrivent messagers ou soldats venus du dehors. Les puristes ont chicané Corneille à propos de la venue du roi Tulle chez un simple particulier ; mais le dramaturge a bien pris soin de signaler le caractère exceptionnellement honorifique d'une telle démarche (v. 1150-1171 et 1441-1448).

Y a-t-il unité d'action ?

Les lecteurs d'aujourd'hui répondent oui, sans équivoque : la pièce présente en effet une journée décisive dans la vie d'un homme, Horace, qui passe de la condition d'homme à celle de héros. Mais les théoriciens des siècles passés, les « doctes », se sont montrés plus pointilleux à ce sujet. Selon eux, il y aurait en réalité trois actions dans *Horace* : le combat, le meurtre de Camille, le jugement.

Ces controverses semblent aujourd'hui dépassées. C'est parce qu'il a tué Curiace qu'Horace est amené à tuer Camille,

174

et c'est parce qu'il a tué Camille qu'il est traduit en justice. L'enchaînement est rigoureux. Même si Corneille lui-même admettait le bien-fondé de ces reproches (voir p. 146), la critique moderne est tentée de le défendre contre lui-même.

Le dénouement politico-moral

Une certaine faiblesse dramatique

Les critiques visant le cinquième acte sur un plan strictement dramatique sont sans doute mieux fondées : ce dernier acte paraît froid, bavard, languissant, et, pour tout dire, très nettement inférieur aux quatre premiers. Du meurtre de Camille (sommet de la pièce) aux grandiloquents plaidoyers du cinquième acte, quelle chute ! Ces longs discours, qui sentent le prétoire et sont bien artificiels n'émeuvent guère le spectateur. Pourquoi, d'ailleurs, s'intéresserait-on au sort d'Horace, alors que le héros lui-même y est indifférent ?

La portée idéologique

En revanche, c'est bien l'acte V qui donne sa dimension idéologique, héroïque et morale à la pièce. Il est aussi indispensable qu'une moralité à la fin des fables de La Fontaine : il éclaire, explique et justifie. Le crime d'Horace soulève l'indignation de l'opinion publique incarnée par Valère. Son crime « grand, énorme, inexcusable » (v. 1740) est, en bon droit, passible de la peine de mort. Mais, à circonstances exceptionnelles, mesures exceptionnelles. Parce qu'il a sauvé Rome, le héros sera amnistié.

La leçon est claire : Corneille justifie ici politiquement les privilèges (loi s'appliquant de manière particulière à certains individus). Le héros cornélien, étant un être à part, a droit à un traitement à part. Mais à une condition : il devra désormais subordonner son désir de « gloire » aux intérêts de l'État. C'est pour l'État une manière de « récupérer » à son profit

175

l'énergie héroïque en assignant au héros une place dans la société. Le pouvoir royal (celui de Louis XIII plus encore que celui de Tulle) a besoin de héros agissants et pas seulement de « bien-pensants » :

« Assez de bons sujets dans toutes les provinces
Par des vœux impuissants s'acquittent vers leurs princes ;
Tous les peuvent aimer, mais tous ne peuvent pas
Par d'illustres effets assurer leurs États » (v. 1747-1750).

Le dénouement politico-moral d'*Horace* est sous-tendu par le renouveau de la doctrine catholique et monarchique, qui s'amorce à l'époque où Corneille écrit sa pièce : aux prières sincères, mais sans efficacité immédiate, on préfère de plus en plus les actes qui contribuent à la gloire de Dieu (ou du souverain). En un mot, plutôt les œuvres que la foi.

Des personnages
mis à l'épreuve

La solitude tragique du héros

Le personnage d'Horace a souvent été jugé sévèrement à
l'époque moderne. Brasillach l'a même comparé à un jeune
nazi, qui sacrifie allègrement famille, sentiments, humanité à
la gloire de son pays ! À première lecture, il faut l'avouer,
Horace donne l'image archaïque d'un patriotisme forcené,
qu'on peut croire dépassé aujourd'hui.

Sacrifier les siens...

Mais le personnage acquiert une tout autre dimension si on
le replace dans le système héroïque cornélien. Horace, c'est
un fait, ne se pose pas de questions inutiles. Il accepte avec
joie et allégresse (II, 1 et 3) de défendre les couleurs romaines,
heureux d'avoir une occasion de prouver sa valeur aux autres
et à soi-même. La nécessité de combattre son beau-frère et
ami, « un autre soi-même », constitue une chance supplémentaire (vers 443-452) : plus on sacrifie de sentiments humains
et plus on se met au-dessus des hommes. Le héros cornélien
est donc bien, avant tout, le héros du dépassement de soi-
même et du sacrifice. Si Rodrigue avait pu, miraculeusement,
concilier sa gloire et ses sentiments, Horace, lui, va plus loin
dans ce processus de renoncement-dépassement : il doit
effectivement immoler l'amitié et la famille à sa propre gloire.
Peu s'en faut qu'il ne se sacrifie lui-même...

On est libre de déceler dans cette attitude des tendances
masochistes et automutilatrices, mais ce serait sans doute
porter un regard anachronique sur le monde cornélien. Ce

n'est pas un malade, mais un héros que l'auteur proposait à l'admiration des spectateurs. La farouche jubilation d'Horace après sa désignation a également droit de nous choquer aujourd'hui. Mais, derrière ce fanatisme, n'y a-t-il pas l'effort pathétique d'une personnalité beaucoup plus fragile qu'il n'y paraît, la volonté de se donner du courage par la récitation d'un « catéchisme » patriotique ?

Sur un plan pratique, l'attitude d'Horace n'est-elle pas plus réaliste, plus vivable que les plaintes et les blasphèmes de Curiace ? Le combat entre Rome et Albe rend impossible une morale du juste équilibre ; il ne reste donc que deux attitudes rationnellement possibles dans une situation aussi atroce : l'acceptation ou la désertion. En jouant pleinement le jeu de l'héroïsme, le jeune Romain ne nie pas l'horreur de la situation : il la dépasse.

Cet idéal de gloire n'a d'ailleurs rien d'égoïste. En jouant sur les sens ancien et moderne du terme, cet idéal peut être qualifié de « généreux » : Horace tente sincèrement de partager sa gloire avec Curiace :

« Puis nous irons **ensemble** où l'honneur **nous** appelle » (v. 532). Le jeune Romain rêve de fraternité héroïque.

De même, les conseils qu'il adresse à Camille avant le combat (II, 4), son moment de faiblesse devant sa femme (II, 7, v. 673-674 et IV, 7, v. 1395-1397) montrent bien qu'il comprend la souffrance d'autrui et qu'il la partage. Si Horace ne souffrait pas, il n'aurait aucun mérite et ne serait pas un héros tragique. Dans son *Discours de la tragédie*, Corneille reprend la définition d'Aristote de la « pitié tragique » :

« Qu'un ennemi tue ou veuille tuer son ennemi, cela ne produit aucune commisération... Qu'un indifférent tue un indifférent, cela ne touche guère davantage, d'autant qu'il n'excite aucun combat dans l'âme de celui qui fait l'action ; mais quand les choses arrivent entre des gens que la naissance ou l'affection attache aux intérêts l'un de l'autre, comme alors qu'un mari tue ou est prêt de tuer sa femme, une mère ses enfants, un frère sa sœur ; c'est ce qui convient merveilleusement à la tragédie [...] Horace et Curiace ne seraient point à plaindre, s'ils n'étaient point amis et beaux-frères. »

Le meurtre de Camille n'est pas moins tragique, mais se situe sur un autre plan que le combat contre Curiace. Il résulte du choc inévitable de deux logiques, de deux conceptions de la vie. Horace subordonne tout à l'honneur ; Camille, inversement, place l'amour au-dessus de tout. Ce sont deux systèmes de valeurs qui s'excluent mutuellement.

... et se sacrifier soi-même

Pourquoi Horace reste-t-il si étrangement absent du débat qui doit fixer son sort (acte V) ? En demandant à être immolé, non aux mânes de sa sœur, mais à sa gloire (v. 1594), lui-même nous fournit l'explication de son comportement. Il est parvenu à une telle hauteur qu'il lui est impossible de se maintenir sur ces sommets. D'où le vers fameux : « La mort seule aujourd'hui peut conserver ma gloire » (v. 1580). Le meurtre de sa sœur constitue déjà une déchéance, et, soit regret d'avoir taché l'éclat de sa jeune gloire, soit peur de tomber plus bas encore, Horace est prêt à mourir.

En un sens, il entend la pire sentence qu'il pouvait redouter : il est condamné à vivre, mais à vivre pour Rome, et non plus pour sa seule gloire. Son héroïsme doit se transfigurer en action au service de l'État. Horace doit revenir parmi les hommes (v. 1763).

Ce jugement remet socialement les choses en place. Mais, indiscutablement, cet héroïsme solitaire et suicidaire a quelque chose de désespéré ; au-dessus des hommes, mais rejeté par eux, Horace est un déclassé. Il n'est, cependant, qu'un avatar du héros cornélien. Avec Auguste, l'héroïsme montera sur le trône et trouvera sa vraie place dans la société : la première. Mais c'est surtout Polyeucte qui indiquera la véritable patrie de ces héros du dépassement et du sacrifice : le ciel.

Humains... rien qu'humains

Curiace

Curiace n'est pas moins courageux qu'Horace ; les vers 461-468 et 543-550 témoignent de sa valeur militaire et de sa « vertu ». Mais le tort de Curiace est de rester humain, alors que son adversaire ne veut plus être que Romain. C'est pourquoi il reste empêtré dans ses contradictions, écartelé entre son devoir d'homme et son devoir patriotique. Les scènes 3 et 5 de l'acte II, où nous le voyons dialoguer avec son adversaire, puis avec Camille, sont révélatrices : Curiace maudit son sort, il se répand en plaintes (comme Sabine se répandait en pleurs) et passe insensiblement aux blasphèmes (v. 423 et suivants), à l'insulte (v. 456-458), et à l'apitoiement sur soi (v. 475). Mais il n'est pas libre de refuser le combat. Même les larmes de sa fiancée ne peuvent le fléchir. À quoi bon, dans ce cas (sinon à donner naissance à de superbes tirades), ses grands élans de révolte, qui restent de vains mots ? Tout au plus servent-ils à affaiblir son moral et à le mettre en situation d'infériorité par rapport à Horace.

Plus humain sans doute, assez pathétique, Curiace peut inspirer notre sympathie, mais il n'est en rien un héros tragique. Il évoque irrésistiblement les personnages des drames de la Renaissance, spectateurs horrifiés et impuissants de leur propre destin.

Sabine

La sœur de Curiace cherche vainement à trouver un impossible équilibre entre son patriotisme et son amour conjugal. Au début de l'acte III, elle tente de se hausser au niveau de l'héroïsme masculin, mais pour retomber immédiatement dans une faiblesse présentée par Corneille comme toute féminine. Au moins cette démarche lui aura-t-elle permis de constater qu'il n'était pas sans gloire de se montrer tel qu'on est réellement (v. 939-944).

Malgré ses sursauts d'énergie, Sabine est essentiellement passive, et aucune de ses interventions ne fera avancer l'action. Révélatrice est son attitude devant la mort : elle la réclame à trois reprises, elle menace de mettre elle-même fin à ses jours, mais, au baisser du rideau, elle est toujours vivante. Ce personnage créé de toutes pièces par Corneille parle beaucoup, parle bien, mais n'a rien de dramatique.

L'héroïsme au féminin

Contrairement à Curiace et à Sabine, condamnés à l'impuissance par leur incapacité à choisir entre deux contraires, Camille, elle, a nettement choisi son camp : celui de l'amour (v. 1195-1250). Est-elle pour autant une héroïne « racinienne », entièrement dominée par la passion amoureuse ? Certainement pas ; les vers 230-232 prouvent qu'elle n'a pas perdu conscience de ce qu'elle devait à son pays et à elle-même :
« Cher amant, n'attends plus d'être un jour mon époux ;
Jamais, jamais ce nom ne sera pour un homme
Qui soit ou le vainqueur ou l'esclave de Rome. »
Il est vrai que, soudainement mise en présence de son amant, elle est toute prête à lui pardonner sa désertion supposée et à l'aimer malgré son infamie (ce que n'eût pas fait Chimène).

Mais, surtout, Camille n'est pas une dominée ; elle est révoltée. Véritable héroïne cornélienne, elle se sacrifie délibérément à un principe et se montre en cela la digne sœur d'Horace qui trouve en elle un adversaire à sa taille. Si elle occupe une place à part dans le système héroïque cornélien, c'est qu'elle ne sacrifie ni à la gloire ni à la vengeance, mais à l'amour. Ce n'est nullement une jeune fille éplorée et « à bout de nerfs » qui accueille Horace au retour du combat ; c'est une femme lucide et maîtresse d'elle-même ; elle provoque sciemment et habilement le champion de la morale ennemie jusqu'à l'amener, en se sacrifiant elle-même, à anéantir sa

181

propre gloire par l'acte le plus déshonorant qui soit. Face à Camille, Horace perd l'extraordinaire maîtrise qu'il a de lui-même : « C'est trop, ma patience à la raison fait place. » (v. 1319).

Figures du patriotisme

Le père

Le Vieil Horace, statue rigide et glacée du *paterfamilias*, est une véritable caricature du patriotisme. Dès sa première tirade (v. 679-682), il est le porte-parole de la morale romaine qui envoie sans hésiter ses fils au combat. Lorsqu'il croit qu'Horace s'est dérobé, il jure de laver sa honte dans le sang (v. 1048-1050), etc.

Mais le Vieil Horace n'est pas seulement un citoyen modèle. Père aimant, il est aussi touché par les contradictions qui déchirent les siens :

« Il [un père] n'use pas toujours d'une rigueur extrême ;
Il épargne ses fils bien souvent pour soi-même ;
Sa vieillesse sur eux aime à se soutenir,
Et ne les punit point, de peur de se punir. » (v. 1435-1438).

Le roi

Le roi Tulle, quant à lui, noble réplique romaine de Don Fernand, a un rôle purement politique : c'est lui qui, telle une divinité issue de la tragédie grecque, tire les leçons des événements et rétablit la concorde universelle, un instant troublée par de terribles péripéties.

En prononçant son « Vis pour servir l'État... » (v. 1763), Tulle sauve Horace. Il le tire de son isolement en lui donnant un nouveau rôle et une place dans la société après ce qu'on pourrait qualifier de « parcours initiatique ». En même temps, il apporte à une tragédie qui ne concernait d'abord que des individus une solution à la hauteur de la raison d'État.

Horace et les critiques

Civisme et liberté

P. Lecoq, dans un article récent, souligne à la fois la distance qui nous sépare d'*Horace* et son actualité pour qui veut réfléchir aux problèmes de notre temps.

Horace est apparemment une des pièces les plus refroidies qui se puissent trouver. Pour paraphraser Beaumarchais, que nous font, pourrait-on dire, les intérêts d'Albe et de Rome, l'histoire d'un forcené, la tendresse et les imprécations de Camille? Est-il rien de plus étranger à la vie d'un contemporain des centrales atomiques, de l'Airbus et des sondes spatiales? À s'en tenir aux données du sujet, à l'ancienneté du langage, l'objection paraît sans réplique. Et pourtant, *Horace* n'est-elle pas une œuvre où s'affrontent deux conceptions du bonheur, que notre siècle a vu maintes fois s'opposer, celle qui se fonde sur une identification totale de l'individu à la nation, à l'État ou à son idéologie, et celle qui revendique comme impres-criptibles les droits de la personne. Belle occasion d'ouvrir, à l'écart des passions, une méditation sur les rapports du civisme et de la liberté.

P. Lecoq, *l'Information littéraire*, n° 5, Les Belles Lettres, 1988.

Un sens du devoir à la mesure des personnages

De Rodrigue à Horace

Entre *le Cid* et *Horace* plusieurs critiques décèlent l'évolution et la maturation du héros cornélien, essentiellement à travers son rapport à la « chose publique ». « Rodrigue sacrifiait à l'honneur, Horace sacrifie à l'État » (M. Prigent, *le Héros et l'État dans la tragédie de Pierre Corneille,* P.U.F., 1986).

Ce qu'Horace découvre et tente de faire comprendre à Curiace, c'est qu'un Maître véritable ne saurait se contenter d'être *unus inter pares*, mais qu'il lui faut, sous peine de trahir sa vocation, être *primus inter pares*. Il s'agit de se faire reconnaître comme supérieur au sein même de la classe supérieure, de remplacer la « vertu ordinaire » par une vertu extraordinaire, en un mot, d'affirmer une constance au second degré. Là où Rodrigue avait cru que la répétition et l'agrandissement indéfinis des exploits suffisent à fonder un héroïsme total, Horace s'aperçoit que l'important, en la matière, n'est pas la quantité des actes multiples (« Paraissez, Navarrais, Mores et Castillans... »), mais la qualité d'un acte, au besoin, unique. Et c'est ainsi qu'il va être amené à formuler, en cette langue lapidaire qui correspond aux moments de vérité les plus intenses, après le « Meurs ou Tue » de don Diègue, un second axiome complémentaire de l'éthique des Maîtres :
« Mais vouloir au public immoler ce qu'on aime [...]
Une telle vertu n'appartenait qu'à nous. » (v. 443-449).

Une nouvelle et plus haute « vertu » se propose ainsi à la conscience héroïque, un pic plus élevé à gravir.

Serge Doubrovsky,
Corneille et la dialectique du héros, Gallimard, 1963.

Curiace, préfiguration d'un héros moderne ?

Horace est le véritable héros de la pièce à laquelle il donne son nom. Cependant, la sensibilité des lecteurs du XXᵉ siècle s'est souvent reconnue en Curiace.

Curiace est le combattant qui ne croit pas aux motifs de la guerre du droit, et qui fait son devoir de soldat, et qui meurt, sans qu'il ait réussi à faire naître en lui le partisan [...] Mais il réclame le droit de garder ses sentiments pour lui. C'est une figure étrangement neuve dans notre théâtre et dans notre histoire. Parce qu'on l'a désigné sans qu'il ait été consulté, et qu'il garde pourtant son courage, il est le héros des petites affiches blanches à drapeaux croisés, il est le Soldat inconnu qui veut mourir sans être dupe. Ce n'est pas un volontaire, c'est un mobilisé.

Robert Brasillach, *Corneille*, Fayard, 1938.

Sabine, une femme déchirée...

Sabine [...] reste fidèle à l'idéal civique et patriotique ; là-dessus, elle n'est point indécise. Mais les conditions de l'existence ne lui permettent pas d'accorder cet idéal avec lui-même, ni l'amour fraternel avec l'amour conjugal [...].

Sabine est à la fois femme d'Horace et sœur des Curiaces ; son amour pour Horace voudrait s'exercer dans le sens de l'idéal romain, les tendresses du sang dans celui de l'idéal albain. Les idéaux sont identiques dans leurs principes, mais opposés dans leurs effets... Une double fatalité, d'ordre sentimental et d'ordre social, impose à Sabine des mouvements inconciliables.

Octave Nadal,
le Sentiment de l'amour dans l'œuvre de Pierre Corneille,
Gallimard, 1948.

Camille : un être de chair ou de glace ?

Voici deux opinions radicalement opposées émises sur Camille à un an d'intervalle.

Camille est la seule femme de Corneille qui soit enragée de passion, et qui sacrifie délibérément son devoir à son amour. Il la fallait telle pour que son frère pût la frapper sans être tout à fait odieux. Heureuse nécessité ! seule de tout ce théâtre, Camille semble une femme de Racine, non certes par sa langue, mais par son intime complexion. C'est une créature de nerfs et de chair fourvoyée dans une famille de héros.

Jules Lemaître, « Corneille »,
dans *Littérature française* de Petit de Julleville, 1897.

Parce que Camille s'estime obligée de préférer son amour à toute chose, elle veut gâter la victoire de son frère qui lui a tué son amant ; sa malédiction sur Rome n'éclate point comme l'explosion involontaire d'une âme trop pleine : c'est une démarche calculée, à laquelle elle s'est mûrement excitée. Ce n'est point une folle douleur, mais une « vendetta » froide.

Gustave Lanson, *Corneille*, 1898.

Le meurtre de Camille

Le meurtre de Camille est considéré le plus souvent aujourd'hui comme le sommet de la pièce. Il a pourtant suscité certaines résistances à la suite des premières représentations, notamment de la part d'un des plus célèbres théoriciens de l'époque.

La mort de Camille par la main d'Horace, son frère, n'a pas été approuvée au théâtre, bien que ce soit une aventure véritable, et j'avais été d'avis pour sauver en quelque sorte l'histoire et tout ensemble la bienséance de la scène, que cette fille désespérée, voyant son frère l'épée à la main, se fût précipitée dessus ; ainsi elle fût morte de la main d'Horace, et lui eût été digne de compassion comme un malheureux innocent ; l'histoire et le théâtre auraient été d'accord.

Abbé d'Aubignac, *Pratique du théâtre*, 1657.

Le Ve acte

Corneille n'a pas hésité à juger sévèrement l'acte V de sa pièce dans l'*Examen d'Horace* : « [il] est encore une des causes du peu de satisfaction que laisse cette tragédie... » (voir p. 149). Mais la critique du xxe siècle est plus sensible à la portée politique de cet acte.

Sur ces mots qui terminent la pièce [v. 1779-1782], toutes les valeurs se trouvent désormais en place dans un savant équilibre. Entre les deux éthiques rivales, qui risquaient de diviser le projet aristocratique sans retour, Tulle rend le jugement de Dieu : le moi héroïque vivra, et sa solitude tragique, insurmontable sur le plan de l'être, servira, sur le plan de l'action. Les énergies héroïques, dispersées dans l'exploit individuel, seront rassemblées et perpétuées non dans l'immortalité d'une âme ou d'un nom, mais d'un régime. [...]

Ainsi *Horace* s'achève, après les sursauts et les tourments de la démesure héroïque, sur le triomphe et les promesses de l'équilibre royal.

Serge Doubrovsky, *op. cit.*

Avant ou après la lecture

Ouvertures

1. Avec l'aide du professeur d'arts plastiques, commenter cette formule d'un critique contemporain : « Passer du *Cid* à *Horace*, c'est passer d'un monde peint par Delacroix à un monde sculpté par Rude ». Rechercher ensuite des reproductions qui puissent illustrer cette citation.

2. En demandant conseil au professeur de musique, rechercher une œuvre musicale qui pourrait servir d'ouverture à *Horace*.

3. Avec le professeur d'histoire, et après avoir relu les « prophéties » de Sabine sur les conquêtes romaines (I, 1) et les imprécations de Camille contre Rome (IV, 5), dresser un tableau chronologique sommaire des étapes de l'expansion romaine et des événements ayant contribué à la chute de l'Empire.

4. En comparant le texte de Tite-Live (voir p. 170) dont s'inspire Corneille dans *Horace,* distinguer :
a) les faits, les détails et les personnages se trouvant chez Tite-Live, mais omis par Corneille ;
b) les faits inventés par Corneille ;
c) les faits qui se retrouvent dans les deux textes.

Débats

1. L'image du patriotisme que donne Horace est-elle complètement dépassée de nos jours ?

2. Transposer à l'époque moderne le procès d'un soldat couvert de gloire, qui, à peine rentré au pays, commet un crime abominable. Après avoir collectivement rédigé un acte d'accusation, les élèves se répartiront les rôles de l'accusation,

de la défense, de l'accusé et des jurés. Le jugement devra lui aussi faire l'objet d'une rédaction.

Sujets de réflexion

1. « Des héros tout d'une pièce, immobiles et raides dans leurs grandes armures, artificieusement mis aux prises avec des événements extraordinaires, et y déployant des vertus presque surnaturelles, selon le cas, ou des vices non moins monstrueux : telle est la tragédie de Corneille. C'est beau, admirable, sublime, ce n'est ni humain, ni vivant, ni réel. » Commenter et discuter, en l'appliquant à *Horace,* ce jugement de Brunetière (1849-1906).

2. Commenter cette analyse de L. Herland (1952) : « Horace personnifie une conception chevaleresque de la guerre devenue inintelligible à toutes les nations modernes ».

3. À la lumière de l'acte V, notamment, analyser cette formule de M. Prigent : « Être, pour le héros, c'est être de trop. »

4. « Camille est un personnage nécessaire, et Sabine ne l'est pas ; c'est sur Camille que roule l'intrigue. Épousera-t-elle son amant ? ne l'épousera-t-elle pas ? Ce sont les personnages dont le sort peut changer, et dont les passions peuvent être heureuses ou malheureuses, qui sont l'âme de la tragédie. Sabine n'est introduite dans la pièce que pour se plaindre. »

Analyser, commenter et discuter ce jugement de Voltaire, en expliquant sa définition de l'« âme de la tragédie ».

5. « Corneille, dans l'*Examen d'Horace* (voir p. 144), dit que le personnage de Sabine est heureusement inventé, mais qu'il ne sert pas plus à l'action que l'Infante à celle du *Cid*. Il est vrai que ce rôle n'est pas nécessaire à la pièce ; mais j'ose ici être moins sévère que Corneille. Ce rôle est du moins incorporé à la tragédie. » (Voltaire.) Comparer ce jugement de Voltaire avec le précédent et essayer d'expliquer pourquoi Corneille a créé le personnage de Sabine.

Sujets d'imagination

1. Imaginer et décrire la situation dans chaque camp (romain et albain) avant le début de la pièce.

2. Transposer l'intrigue de la pièce au XXᵉ siècle, par exemple pendant la Seconde Guerre mondiale.

3. Horace ne tue pas Camille : raconter comment se termine la pièce.

Mise en scène

1. Imaginer un décor pour *Horace* qui peut être typiquement romain, intemporel ou résolument moderne. Les élèves pourront le dessiner, ou même en faire une maquette.

2. Une représentation d'*Horace* en costumes modernes est-elle concevable ? Justifier.

3. Jouer le personnage d'Horace : quelles caractéristiques (expression corporelle, voix, mimiques, etc.) seront mises en valeur ?

4. Régler minutieusement la mise en scène du meurtre de Camille (IV, 5) ; cela amènera notamment à prendre position par rapport à la règle des bienséances.

Exposés après recherches documentaires

1. Quel est le rôle de l'histoire et de « l'atmosphère » romaine dans *Horace* ? Relever notamment dans la pièce les indications sur la manière de vivre dans la Rome antique.

2. La tragédie d'*Horace* peut-elle se définir comme une lutte entre l'individu et l'État ? (Faire le rapprochement avec la montée de l'absolutisme en France.)

3. Qu'est-ce qui fait d'Horace un héros ? Qu'est-ce qu'un héros cornélien ?

Bibliographie, filmographie

Édition

L'édition de référence est celle de G. Couton et M. Rat : *Corneille, théâtre complet,* Garnier, coll. « Classiques », 3 vol., 1971. *Horace* est publié dans le tome 1.

Ouvrages généraux

P. Bénichou, *Morales du Grand Siècle,* Gallimard, 1948, rééd. en coll. « Folio essais ».

J. Morel, *la Tragédie,* A. Colin, 1970.

Corneille et *Horace*

G. Couton, *Corneille,* Hatier, 1958.

S. Doubrovsky, *Corneille et la dialectique du héros,* Gallimard, coll. « Tel », 1963.

L. Herland, *Corneille par lui-même,* Seuil, 1948.

J. Maurens, *la Tragédie sans tragique, le néostoïcisme dans l'œuvre de Pierre Corneille,* A. Colin, 1966.

O. Nadal, *le Sentiment de l'amour dans l'œuvre de Pierre Corneille,* Gallimard, 1948.

M. Prigent, *le Héros et l'État dans la tragédie de Pierre Corneille,* P.U.F., 1986.

Film

T. Young a adapté au cinéma, de façon très hollywoodienne, *les Horaces et les Curiaces,* en 1961, avec Alan Ladd.

Petit dictionnaire
pour lire *Horace*

acte *(nom masc.)* : une tragédie classique comporte cinq grandes divisions appelées « actes », chacun étant terminé par un baisser de rideau. Chez Corneille, un acte comprend environ cinq cents vers. Une contrainte technique est sans doute à l'origine de ce découpage : on devait en effet changer périodiquement les chandelles éclairant la scène.

allégorie *(nom fém.)* : représentation d'une idée ou d'une abstraction par un personnage, souvent mythique ou divin :

« Oui, je lui ferai voir, par d'infaillibles marques,
Qu'un véritable amour brave la main des Parques. »
(v. 1195-1196)
Les Parques, déesses mythologiques, sont une allégorie de la mort.

alliance de mots (ou **oxymoron**, *nom masc.)* : rapprochement de deux termes de sens opposés, pour provoquer un effet de surprise et de contraste. Étymologiquement, «oxymoron » signifie alliance du piquant *(oxys)* et du fade *(moron).*
« Iras-tu, Curiace, et ce funeste honneur... » (v. 533)

anaphore *(nom fém.)* : reprise d'un même mot en tête de phrase (ou de vers) pour créer un effet de rythme et de symétrie :
« Rome, l'unique objet de mon ressentiment !

Rome, à qui vient ton bras d'immoler mon amant !
Rome qui t'a vu naître, et que ton cœur adore !
Rome enfin que je hais parce qu'elle t'honore ! »
(v. 1301-1304)

antiphrase *(nom fém.)* : emploi d'un mot ou d'une expression dans un sens contraire au sens véritable, souvent par ironie :
« Ce grand et rare exploit d'un bras victorieux. »
(v. 1514)
Dans l'esprit de Valère, le meurtre de Camille par Horace est exactement le contraire d'un exploit.

antithèse *(nom fém.)* : rapprochement de deux idées ou de deux faits de sens opposés, pour mieux en souligner le contraste.
« Et, nous faisant amants, il nous fit ennemis. » (v. 178)

apostrophe *(nom fém.)* : interpellation directe d'une personne ou d'une abstraction personnifiée comme ici :
« Albe, où j'ai commencé de respirer le jour,
Albe, mon cher pays et mon premier amour. »
(v. 29-30)

bienséance *(nom fém.)* : désigne ce qui est correct ou convenable en société ; la **règle des bienséances** du théâtre classique interdisait de mettre en scène tout acte violent, vulgaire ou choquant (c'est pourquoi Horace tue sa sœur derrière la scène).

chiasme *(nom masc.)* : dans deux expressions mises en parallèle, reprise, dans la seconde expression, des termes de la première mais dans l'ordre inverse (« chiasme » signifie étymologiquement « croisement ») :
« Je soupirais pour vous en combattant pour elle ;

Et s'il fallait encor que l'on en vînt aux coups,
Je combattrais pour elle en soupirant pour vous. »

(v. 268-270)

comparaison *(nom fém.)* : image explicative introduite par « comme », « tel », « ainsi », etc. :
« Tu ne revois en moi qu'une amante offensée,
Qui comme une furie attachée à tes pas... »

(v. 1284-1285)

confident(e) : personnage de second rang, auquel les personnages principaux confient leurs pensées et leurs sentiments, afin d'en informer, à travers eux, les spectateurs de la pièce. Julie est la confidente de Sabine et Camille (I, 1 et 2).

coup de théâtre : brusque rebondissement de l'action, qui donne à la pièce une direction contraire à celle qu'on pouvait prévoir.

dénouement *(nom masc.)* : fin de la pièce, où les conflits qu'elle met en scène trouvent leur solution. Le cinquième acte d'une tragédie classique est celui du dénouement.

dramatique *(adj.)* : qui fait progresser l'action (« drame » signifie étymologiquement « action »).

dramaturge *(nom masc.)* : auteur de pièces de théâtre.

épique *(adj.)* : qui retrace, en vers, une action héroïque.

euphémisme *(nom masc.)* : expression atténuée d'une idée désagréable, effrayante ou choquante, sans employer de termes trop brutaux :
« Non, non, avant ce coup Sabine aura vécu. » (v. 654)
« Aura vécu » signifie ici « sera morte ».

exclamation *(nom fém.)* : expression spontanée, brutale, parfois désordonnée, d'une émotion. (Ex. : v. 110)

« Ah ! que je crains, Julie, un changement si prompt ! »

exposition *(nom fém.)* : présentation des personnages et de la situation de départ d'une pièce de théâtre. L'acte premier d'une tragédie classique est celui de l'exposition.

galant (vocabulaire) : mots ou expressions conventionnels empruntés aux romans sentimentaux, et traitant du domaine amoureux (les « chaînes » de l'amour, la « flamme », etc.).

gradation *(nom fém.)* : énumération qui présente les idées par ordre d'importance croissante :
« Ce crime, quoique grand, énorme, inexcusable... »
(v. 1740)

héros, héroïne : personnage qui, par ses exploits et sa vertu, suscite l'admiration. Chez Corneille, le héros est confronté à des problèmes tragiques, qu'il parvient à résoudre et à dépasser au prix de lourds sacrifices.

hyperbole *(nom fém.)* : mise en relief d'une idée, en la grossissant exagérément :
« Mille de ses enfants, beaucoup plus dignes d'elle
Pouvaient bien mieux que nous soutenir sa querelle. »
(v. 375-376)

interrogation oratoire : question posée sans qu'on attende une réponse, et qui équivaut, selon les cas, à une affirmation ou une négation renforcées. Ainsi, s'adressant à Rome, Sabine s'écrie :
« Quand je vois de tes murs leur armée et la nôtre,
Mes trois frères dans l'une, et mon mari dans l'autre,
Puis-je former des vœux, et sans impiété
Importuner le ciel pour ta félicité ? » (v. 35-38)
Cette question équivaut à une négation forte : Sabine

ne peut absolument pas souhaiter le succès de Rome sans arrière-pensées.

interruption *(nom fém.)* : fait de couper la parole à son interlocuteur pour donner plus de vivacité au dialogue :

CURIACE. « Et comme également en cette extrémité
        Je craignais la victoire et la captivité...
CAMILLE. Curiace, il suffit, je devine le reste. »
(v. 241-243)

inversion *(nom fém.)* : ordre des mots contraire à l'habitude et à la logique grammaticale (par exemple le complément du nom avant le nom complété) :

«... il obtint de mon père
Que de ses chastes feux je serais le salaire. »
(v. 171-172)

ironie *(nom fém.)* : manière de se moquer de quelqu'un ou de quelque chose en disant le contraire de ce qu'on veut faire comprendre.

litote *(nom fém.)* : atténuation de sa pensée pour faire entendre le plus en disant le moins :

« La victoire entre eux deux n'était pas incertaine. »
(v. 1135)

C'est-à-dire : la victoire était absolument sûre.

métaphore *(nom fém.)* : image comparant deux termes ou deux idées sans exprimer explicitement la comparaison :

« Tigres, allez combattre, et nous, allons mourir. »
(v. 694)

Cette métaphore s'explique par la cruauté morale de Curiace et d'Horace, qui évoque celle des tigres.

métonymie *(nom fém.)* : expression d'une chose par une autre, qui a un rapport avec elle ; par exemple l'effet

par la cause, le tout par la partie, l'objet par la matière,
etc. :

« ... Considère

Que tu portes le fer dans le sein de ta mère. » (v. 56)
Le fer pour le poignard (la matière pour l'objet).

« ... qu'un bel œil est fort avec un tel secours ! »
(v. 578)
« Bel œil » désigne un beau visage et même une belle
personne (la partie pour le tout).

monologue *(nom masc.)* : long discours (souvent une
scène entière) qu'un personnage se tient à lui-même.
Exemple : acte III, sc. 1.

parallélisme *(nom masc.)* : reprise, dans des expressions
successives, et dans le même ordre, de termes ou d'idées
comparables entre eux :

« Ce jour nous fut propice et funeste à la fois :
Unissant nos maisons, il désunit nos rois ;
Un même instant conclut notre hymen et la guerre... »
(v. 173-175)
Dans chaque vers, le premier terme évoque le bonheur,
et le second le malheur de la guerre.

pathétique *(adj.)* : se dit d'un personnage ou d'une
situation éveillant des émotions violentes, notamment
la pitié, chez le spectateur.

péripétie *(nom fém.)* : événement imprévu. Les diverses
péripéties se produisant dans une pièce amènent à la
conclusion.

périphrase *(nom fém.)* : expression d'une notion par un
groupe de plusieurs mots, alors qu'un seul terme
suffirait :

« Le souverain pouvoir de la troupe céleste » (v. 1060)

« La troupe céleste » est une périphrase noble et solennelle pour désigner les dieux.

personnification *(nom fém.)* : fiction qui consiste à représenter une notion ou une chose inanimée sous les traits d'une personne.

« Non, Albe, après l'honneur que j'ai reçu de toi,
Tu ne succomberas ni vaincras que par moi. »

(v. 557-558)

pléonasme *(nom masc.)* : expression qui ne fait que répéter en d'autres termes ce qui vient d'être dit :

« Je verrai mon amant, mon plus unique bien... »

(v. 141)

« Unique » signifie « seul dans son genre ». Ce mot a donc déjà une valeur de superlatif que vient répéter « plus ».

prétérition *(nom fém.)* : procédé consistant à faire semblant de passer sous silence la chose sur laquelle on attire en fait l'attention :

« Je pourrais ajouter aux intérêts de Rome
Combien un pareil coup est indigne d'un homme ;
Je pourrais demander qu'on mît devant vos yeux
Ce grand et rare exploit d'un bras victorieux :
Vous verriez un beau sang, pour accuser sa rage,
D'un frère si cruel rejaillir au visage :
Vous verriez des beautés qu'on ne peut concevoir ;
Son âge et sa beauté vous pourraient émouvoir... »

(v. 1511-1518)

Valère feint ici de ne pas évoquer la lâcheté du meurtre de Camille ni l'horreur qu'il inspire (emploi du conditionnel). En réalité, il insiste assez lourdement sur ces aspects, en prétendant ne pas vouloir en parler.

197

protagoniste *(nom masc.)* : chacun des personnages principaux d'une pièce.

quiproquo *(nom masc.)* : situation dans laquelle un personnage croit qu'on parle d'une chose, alors qu'il s'agit d'une autre.

répétition *(nom fém.)* : reprise significative de certains mots ; ici, avec une valeur d'encouragement, d'exhortation :
« Bannissez, bannissez une frayeur si vaine... » (v. 23)

réplique *(nom fém.)* : réponse (qui va de quelques mots à quelques vers) d'un acteur à son interlocuteur.

scène *(nom fém.)* : 1. estrade sur laquelle évoluent les acteurs. 2. subdivision de l'acte, pendant laquelle un même nombre de personnages restent sur la scène. Toute sortie ou toute entrée fait passer à la scène suivante.

stichomythie *(nom fém.)* : dialogue très vif, dans lequel les interlocuteurs échangent des répliques composées d'un seul vers.

tirade *(nom fém.)* : longue suite de vers (généralement très structurée chez Corneille) récitée sans interruption par un personnage.

tragédie *(nom fém.)* : pièce de théâtre représentant des personnages illustres aux prises avec le destin, et visant à faire naître la terreur et la pitié chez le spectateur.

tragi-comédie *(nom fém.)* : pièce de théâtre dont les péripéties sont de style tragique, mais dont le dénouement est heureux, comme *le Cid*. Elle fait souvent une large place aux intrigues amoureuses.

unité *(nom fém.)* : les théories du théâtre classique

astreignaient les auteurs tragiques au respect de la
« **règle des trois unités** » (temps, lieu et action). L'action
devait se passer en un seul jour, la scène devait
représenter un lieu unique, l'intrigue devait reposer sur
un sujet unique.

Conception éditoriale : Noëlle Degoud.
Conception graphique : François Weil.
Coordination éditoriale : Emmanuelle Fillion
et Marie-Jeanne Miniscloux.
Coordination de fabrication : Marlène Delbeken.
Documentation iconographique : Nicole Laguigné.
Schémas : Léonie Schlosser, p. 2 ; Thierry Chauchat
et Jean-Marc Pau, p. 14 et 15.
Carte : Jean-François Poisson, p. 22.

Sources des illustrations
Agence de Presse Bernand : p. 43, 54, 72, 75, 80, 83, 104, 115, 116,
134.
Brigitte Enguérand : p. 117.
Bulloz : p. 21.
Giraudon : p. 12, 18, 24, 124, 153.
Harlingue-Viollet : p. 5.
N. D.-Viollet : p. 30.
Roger-Viollet, collection Viollet : p. 141.

COMPOSITION : SCP BORDEAUX
IMPRIMERIE HÉRISSEY. — 27000 ÉVREUX. — N° 55050
Dépôt légal : mai 1990. — N° série Éditeur : 16117
IMPRIMÉ EN FRANCE *(Printed in France).* 871102 J - Juin 1991